ほっかいどうの宝物〔第2集〕

STVラジオパーソナリティ
橋本登代子

2005(平成17)年4月からSTVラジオで「TONちゃんのほっかいどう大好き」がスタートしました。これまで200人近くのゲストに登場いただき、さまざまなお話を伺ってきました。現在番組は毎週土曜日18時15分から30分まで放送されています。(プロ野球中継の場合は時間変更されます。)

まえがき

株式会社ＳＴＶラジオ
代表取締役社長　石部善輝

著者の橋本登代子さんは元札幌テレビ放送（ＳＴＶ）のアナウンサーで、入社してからは、ラジオの公開生放送「サンデージャンボスペシャル」や深夜番組「アタックヤング」など、いわゆる芸能・娯楽コースで鍛えられ、やがてテレビの「ズームイン‼朝！」などの社会報道コースでキャスターを務めました。

九州女（大分県出身）を地でいくような、決めたら猪突猛進の豪快な人の印象（褒め言葉ですよ）。橋本さんはＳＴＶに入社してから、日を追うごとに北海道が大好きになり、北海道民の仲間にしてもらえるなら自分もできることをとの思いが強くなり、その志を形にしたのが、十五年前に誕生したＳＴＶラジオの「ＴＯＮちゃんのほっかいどう大好き」でした。

この番組は、現在、毎週土曜日の午後六時十五分～三十分（野球中継で時間変更あり）に放送されていますが、ＳＴＶラジオの録音番組の中では、一番の長寿番組となっています。番組のコンセプトはただ一つ「北海道を元気づける人」を紹介する事です。今まで、農林水産業の従事者からアーティスト、大学の先生、市町村長、観光業、料理人、元反社会的勢力などジャンルを問わず二〇〇〇人近くの道産子に会い、話を聞いて放送してきました。

ここでひとつの疑問が沸いてきます。これだけの人をどうやって、見つけ出してくるのかです。番組で取り上げた人物の一覧表が巻末に掲載されていますが、大多数が著名・有名人ではない、所謂世間一般的にあまり知られていない人たちです。橋本さんにそのリサーチ方法を聞いてみたら、TVやラジオをはじめ、講演会や新聞・雑誌等で紹介される人の中に「ニオイがするんですよ、普通では聞けない面白い話をもっている人に違いない、特に私は下支えをしている人達が好きなんですよ」といとも簡単に言います。当然番組ですから、ディレクター（Dr）と一緒に制作している訳ですが、Drが出演者の提案をしても十人に一人位しか採用されないほど。また、現担当ディレクターの玉手泰香によると、取材やインタビューでは、その人の内面を炙り出すかのように、最初は柔和に、そしてどんどん核心に迫っていき、最後は普通の人が遠慮して聞けない事もズバッと聞き、つい橋本さんだから喋ってしまったという話の流れになるそうです。「言葉の魔術師橋本登代子」たる所以であります。

今、プロ野球のソフトバンクの松田宣浩選手が雰囲気を盛り上げ、ファンを鼓舞する言葉「熱男（あつお）」が話題になっていますが、橋本さんはまさに北海道を元気に楽しくする「熱女（あつじょ）」であります。ヒートアップする「熱女」こと橋本登代子さんはこの続編では足りず、きっと、既に第三巻を構想しているに違いありません（笑）。STVラジオで北海道の知的財産ともいうべき人を紹介、放送できる事を光栄に思い、未来永劫続く事を祈念しています。

ほっかいどうの宝物 第2集　もくじ

◈ほっかいどうの宝物 第2集

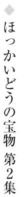

ニートや引きこもりが集う農業生産法人『耕せ・にっぽん』

農業生産法人 株式会社 耕せ・にっぽん
社主 中村文昭《なかむらふみあき》さん

引きこもりやニート、不登校の若者の自立支援施設が安平町追分にある。農業を通して命の大切さや働く喜びを伝えて、子どもたちの心を耕していく。担い手が減少する農業に危機を感じ、彼等の力を役立てようと一石二鳥をねらったものだ。

一九六九年、三重県で生まれた中村さんは幼少のころから活発で、好奇心旺盛だった。

大人になっても、さまざまな仕事に興味を持ち、お客さまの喜ぶ顔を見ることが、自分の喜びであると知る。

『**耕せ・にっぽん**』のポスターは坂本龍馬の有名な写真を模し、刀の代わりに鍬を手にしている。

（時々言葉遣いやイントネーションが関西弁でした）

土を耕し、心を耕して自分を変えた若者たち

橋本　『耕せ・にっぽん』というネーミングもすごいですね。

中村　でっかいですよね。大地を耕すとともに、心も耕すという意味です。初めは、皆んなで農業を覚えて、土と格闘することからスタートします。僕らが北海道で八年前、引きこもりの子たちを集めて農業を始めたとき、僕も農業をやったことがなかったので、農家さんに「農業を教えてほしい」とお願いしたら「否定的ナイスアドバイス」の三点セットをいただきました。一つ目は「こんなことをやりたいんですが」と言ったら、「絶対無理」と言われました。二つ目は「お前らに出来るわけがない」。そして、三つ目は「世の中をナメるな」です。まさにとどめです。それから「へぇー、化学肥料を使わず、農薬使わず……、お前ら理想ばかりぬかすな。北海道の大農業がなんぼしんどいか、お前ら農業をなめるな」と怒られまくりました。いつも、そこか

耕せ・にっぽんのポスター

ら始まるのです。僕は思うのですよ。農家さんに後継者がいない一番の原因は、農家さんが「農業はしんどいばかりで、もうからん」と言うから、子どもたちがやらない。もしも、農家さんが「農業って、こんな意味のある仕事なんだぞ、自分たちがこんなしんどい思いするから、たくさんの人がご飯を食べて生きていける、どんな便利な家電製品を作ることより、命がなかったら人は生きられへん。農業にはすごい価値がある」と自信満々に言い続けていたら、子どもたちも大きな意味と使命を感じて、農業を継ぐと思います。

いつもボロクソに言われるので、三脚を立てて、ビデオカメラをセットして、その農家さんを全部撮影して映像に残しました。そして、新入生たちに「俺たち『耕せ・にっぽん』のスタートは、これだけボロクソに言われるところから始まったんやで。でも、今はこれだけの農地になったろ！　先輩たちは今、農業で食っていってるやろ！　絶対に無理じゃなかったろう？」と言うんです。

橋本　具体的にどんな状態にあった人が、どんなツテで何人くらい集まるのですか？

中村　毎年十名くらいですかね。今年は八名でした。僕は、全国各地で講演を行っています。僕の話を聞いた方の身内や知り合いのツテで、ほとんどが口コミでやって来ます。

例えば、今年僕が面接した子、この子は兵庫県から来て、不幸の塊みたいなやつでね……。自分が小さいとき、生まれてきた弟が重度の障害を持っていたのです。

両親はその弟の方にばかり目がいく、すると何か知らないうちに自分は寂しいという思いがたまっていく。本人はそれが普通だと思ったのか、口には出さない。そして、下の弟のことで両親のけんかが絶えなくなる。やがて離婚。しかもその後、お母さんがガンだとわかり手術をする。その子は知り合いや親戚の家に預けられ、もう子ども心に不安ばかり感じるようになって……。それが悪い方に爆発して、中学のころから暴走族に入って大騒ぎをする。シンナーから始まって、高校のころは完全に薬物中毒だったのです。覚醒剤にも手を出して警察にも捕まって。ようやく更生施設で薬から抜け出し働き始めたら、周りの大人たちは競輪、競馬、麻雀などギャンブル好きの人ばかりで感化され、自分も今度は「ギャンブル依存症」になっていった。そうこうしているうちに、医者から「うつ病」だからと、精神安定剤を処方されて飲むようになった。そうしたら、次はこの薬物への依存が始まったのです。

僕が面接したときも、もうかなり強い薬を飲んでいて、ろれつが回らない。でも、ろれつが回らないうちはまだマシな方で、もっと強い薬を飲むと、ベロがベロリーンと出てくると言っていました。

橋本 彼が『耕せ・にっぽん』に来たということは、今の自分を変えたいという気持ちがあったからですね。

中村 変えたいのです。だから、僕は面接のときに「自分はこのままじゃだめだと思っている?」と聞いたら、本人は「だめです」と。だって、年齢も二十六歳だもの。「自分を変えねばならんと思うとる? もう変えたくて、変えたくてしょうがないの?」と聞いたら「変えたくて、変えたくてしょうがない」と答えました。それで、「変えねばならない」とは言わなかったので、僕はこいつを助けられると思うたんです。あそこで親の顔を思い浮かべたり、義務感で「変えねばならない」と答えていたら、人はあまり変われないんです。勉強だって「やらねばならない」でやっていると、頭に入らない。「将来、医者になって多くの人の命を助けたい」と思い、勉強をやっている人はスカスカ入りますよ。「……ねばならない」のセリフを口にするのは、どこかで拒絶が始まっていたりするんです。彼は「変わりたい」と自分で言いましたからね。

丸三日間の断食を経験して、心の扉を開く子どもたち

橋本 さまざまな背景を持つ人たちが、変わりたいと集まって、もうすぐ開校式ですね。

中村 五月ですから、もうすぐです。この開校式は、スタートした瞬間から断食をします。丸三日間。引きこもりなどの子どもたちが日本中のあちこちから来ます。皆んな、コミュニケーション能力が低いので、自己紹介といっても自分のことを話せず、聞く方も聞いたからといって仲良くなるという感じではないので、とにかく二十分座禅を組んで、四十分休んで……をずっと三日間繰り返すのです。

二、三日経ってくると、もう極限状態になります。体力も落ちて、四十分の休憩のたびに、皆んな爆睡するようになります。夜は夜で午後九時から午前六時まで九時間爆睡です。つまり、人間の体は食べずにいると、本能で体力を使わずに済むよう省エネモードに変わるのです。座禅といっても、座布団の上に座禅組みして座っているだけなのですが、そのたびに生まれてから今日までの自分の人生を振り返ってみたり、内観するのです。そして、三日目、極限のときの自己紹介タイムで、出るわ出るわ、心の膿《うみ》が……。「誰もそんなことまで聞いてない」ということまで膿を出し切ります。普通なら一分も話せん子どもらが四十分も、四十五分もボロボロ泣きながら話しますからね。さらけ出して全部出し切るから、人と人の境界がなくなるというか「もう強がることもねえさ」みたいな雰囲気になるんです。どんな立派な人間の、どんな立派な言葉を聞かすより、自分が心を開くみたいな……、それを断食を通じてやるのです。

橋本　なぜ断食をするようになったのですか？

中村　断食をやり始めて三年になりますが、実は彼らにどうやったら言葉が心に入るか、どうやったらやる気が起きるのか、毎年考えていたのです。そんなとき、断食を教えてくれる人がいて、シーズン途中ですがやってみたら「これまでの三、四カ月、仮面を被っていたな……」という感じだったのです。断食のあの苦しみを共に味わい、乗り越えたとき、互いの距離が一気に縮まって「あっ！　これはもう初めからやったほうが良い」ということになったのです。まあ、苦しさの中に生きることの意味が出てくる、というのが断食の中にありますね。

橋本　中村さんも一緒にやって感じたのですね？

中村　僕は、あの子たちとちょっとだけ波長が合うというか、周波数を合わせられるところがあるかな。僕の若いときは「引きこもる」とは真逆でやんちゃな方でしたが、彼らと同じように子どものころから夢は見つけられませんでした。昔の生活は欲しいものがあって手に入ればうれしい、幸せを感じていました。手に入れる努力はしました。でも、今の若い人たちはどちらかというと努力する意味がよくわからないというか、欲しいものは特別ない。服が必要なら、安い服はいくらでも売っている。そんなにあくせくして、出世をしなくても生きていける世の中なので「夢を持て！」と言われても、夢の持ち方すらわからないのです。

橋本　さて、その子たちが四十分間も泣き続け、自分の心の扉を開いて、その後はどうするのですか？

中村　それはまだジャブです。自己紹介で心の膿を出し、その後つまり七十二時間後に「あけの食事」を取ります。これは、大根をグツグツと煮た煮汁と梅干をたくさん混ぜて、それを丼でガブガブと何杯も飲むのです。これには、内臓を柔らかくして排泄効果もあるので腸の中の宿便がふやかされて、お腹がゴロゴロと鳴り始めて、皆んなで便所の取り合いが始まるのです。宿便とともに添加物でやられた内臓の膿出しも始まるわけです。そして、汚したトイレを皆んなでピカピカに掃除をすると、生活がきれいに成り立つようになるのです。

その後、生野菜や消化の良いものを普通食として二週間も食べると、ほとんどの子の体重がガタッと落ちます。すると、今までなかった自分の痩せた姿を目の当たりにして、ちょっと自分が好きになる。やり遂げたことが自分の自信の一つにもつながるのです。

たくさんのサポーターが子どもたちの自立を支援
「鍬隊員」「耕運機隊員」「トラクター隊員」

橋本 農業生産法人『耕せ・にっぽん』の仕組みはどうなっているのですか！ 何年くらいで卒業できるのですか？

中村 一年目に大勢の子どもたちが来るでしょ。二年生、三年生、四年生そして、七年生とずっとおるんです、区切りで辞める子もいますが、ある子はそのまま農業で食べていっています。続けている子は三年生以上になると、半年のうちに百万円くらいの貯金をつくります。だって、食べる物はあるし、お金は使わなくていいので残るのです。

三年生以降になると、自立していて個人事業主になって、もうやることを具現化しているのです。昨シーズンに最高額をつくったのは一五二万円の貯金。こいつは、そりゃあ考えて売りにも行きました。販路も全部自分らでつくるのです。僕らが買い取って最後はちょっと助け船を出すこともありますが、もう五年生以上になると何もかも全部自分で考えて農家さんにもいろいろと教えてもらって勉強して、新しいことをどんどんやっています。例えば、どこかのレ

苗を一生懸命植える隊員

トラクターの運転もお手のもの

ストランと契約したり、直卸の農家になったりとか。

これまで累計で卒業生は七十、八十人くらいはいるけれど、一年終わってまた翌年の二年目に来る子は二、三人しかいません。他の子たちは農業がやりたいわけではない。『耕せ・にっぽん』で自信を付けたくて来てる。この半年にいろいろなことがあって、卒業式は涙、涙で……。僕もここに来た彼らが恥をかかんようにしてあげたい。子どもらの中には生きる自信のようなものをつけて「地元に戻ってまた頑張る」と言う子もいるんです。

橋本 冬場　北海道で農業ができないとき、沖縄もあるのですって?

中村 そうそう、理想的な人生でしょ。行きたい子だけ行くんや。自分の家に戻りたい子は、戻ってもいいし。夏に北海道でやってたことと同じことを沖縄でもやれるのです。

販路も僕らは商品を作ってから売っているのではないのです。品物を作る前にお金を先にいただく方法です。東京や大阪などの都会で『耕せ・にっぽん』の話を聞いた方々が「よし!応援団になろう」と応援団費を払ってくださるのです。僕らの農業生産法人は、ここで成り立っています。

橋本 サポーター制みたいな仕組みですね。

中村 はいそうです。ネーミングがまた良いですね。年間一万円のコースが「鍬《くわ》隊員」、三万円が「耕運機隊員」、「トラクター隊員」が五万円です。その応援団費以上に見合う農作物を次々と送っています。農場のある千歳市は空港に近いので畑から直送するのです。都会の人は、生でも食べられるトウモロコシなんて知らない。だから「私も欲しい、私も欲しい」とワイワイ言って分けて食べてくれます。採れたてが届くので糖度も保たれていますしね。応援団員が全国に何千人もいます。ですから、春の段階で何千万円というお金をいただきます。

そうそう、僕が時々知り合いの方とススキノに行くでしょう。すると、お店のお姉ちゃんたちが「お客さん、何やってる人?」と聞いてくるので、「実は今、こういうことをやって、農業をやっているんだ」と答えると、田舎の農家出身の女の子もたくさんいて「畑に遊びに行きたい」と言うのです。それで、畑に来ると土が懐かしいのか、草取りを手伝ってくれます。すると、しゃがんだ拍子に腰のあたりのズボンの上からパンツがチョロッと見えたりして。ティーバックですよ(笑)。そんなのを見ると、恋愛経験のない引きこもりの子たちも俄然やる気を出したりしてね。女の子たちもキャー、キャーです。それから、女の子たちがちょこちょこ遊びに来るようになって、その子たちの専門の畑も出来たので『ティーバックハイスクール』と命名しました(笑)。不思議ですね。若いお姉ちゃんって、ホント、男を働かせる何かを持っている。

「頼まれ事は試され事」、「入口より出口」が信念

橋本　それにしてもわずか半年で人間が変わることは、農業の力でしょうか。そして、中村さんのパワーは素晴らしいですね。

中村　僕は今まで自分の人生で、こうなるとか決めてやってきたことは一回もないのです。言い方を変えると流されるままに生きてきただけなんです。流されるというと弱いイメージがありますが。僕のど真ん中にある人生の教訓の言葉の一つに「頼まれ事は試され事」というのがあります。人からモノを頼まれるということは、その人が困っているわけです。困っている人を喜ばせるのです。僕は人からモノを頼まれると「あっ！　チャンスカードが来た、よし、この人が思っている予測を上回ることをしたら、絶対に喜んでもらえる」と受け止めます。今まで、人に喜んでもらうことを主にやってきました。たぶん、ほとんどの人は「頼まれ事は面倒くさい」と思うでしょうね。でも、不思議に人は出来ないことは、無意識でも頼まない。しかし、やる以上びっくりさせたろかなあと思って、相手の予測を上回ると「お前ようやったな。今度はこんなことやってみんか」とか「こんな人と会うてみんか」と言われるんです。僕はねぇ、縁がつながっていくうちに、人さまから役割をいただきながら、職業を見つけた人間な

のです。

それから、さっきの断食のトイレの話ですが、僕はトイレが出口で、出口が大事だといつも言ってるんです。「入口より出口」です。建物の出たり、入ったりするところも「入出口」ではなくて「出入り口」と言うでしょ。「出る」が先なんです。僕は人生もそうだと考えている。生きていく上で大事なお金、このお金も普通の人は皆んな入口を考えている。「どうやったらもうかるか」と、入口ばかり気にしている。例えば飲食業でもそう。ほとんどの人が「どうやったらもっとお客さんが来てくれるか」と、入口ばかり見ている。でも、帰るときにお客さんがうれしそうに笑顔でお金を払って「ありがとう、また来るね」と言ってくれたら、必ずこのお客さんは友だちを連れてまた来てくれます。これが連鎖したら、お店は繁盛します。

「入口より出口」。

うちに来る子たちは、たいてい始めはそうなんですが、何か輝きを放っていない。何かをやろうとすると「いや、でも、どうせ、自分はこうだから」と過去の嫌な出来事を言い訳にします。引きずっているんです。こういう人は、なかなか変われない。でも、例えば「あれを経験したおかげで自分は強くなった」と言った瞬間、その過去の嫌な出来事は感謝に変わるのです。「過去と他人は変えることができない」とよく言いますが、僕は過去は変えられると思います。だから「過去をネタに変えろ！」とよく言います。

「人と向き合う心」「役に立つ喜び」が笑顔にあふれています

僕は、少年院にも講演に行きます。すると教官も怖いし、皆んなビシッと緊張している。そこで「君ら、過ちを犯してここにいるわけやけど、今、少年院におることは事実だから、これはもう背負っていかなあかん。しかし、君ら心配すんな。よく似た名前に『学習院』って、あるの知っとるか？　育ちの良いお坊ちゃん、お嬢ちゃんが行く学校。どやんな。学習院、少年院……、似てるやろ？　心配すんで。もう一つ、学習院は私立やけど、少年院は国立なんで。もう一つ、あっちは学科試験で入っているけれど、少年院は実技のみやからー」。そのとき、少年院の子どもらは「ブワァァ」と笑うんですよ。笑った瞬間から心を開きます。そこで「君らな、ここを出て行ったら、皆んな働いて、社会人として仕事するだろう。でもそのとき、ちょっとうまいことといかんかったら「どうせ俺は少年院あがりだから」と、この少年院にいたことを言い訳に使うかもしれん。だけどそれだけはするな。それよりも「あの少年院の一年の経験のおかげで、自分は人の嫌がることや、何でも率先して出来るようになったんや」と思ってほしい。「今いる少年院の生活をネタに変えろよ！」と話すのです。この一言で彼らの目が輝きます。

今までリストカットしてきた、家で椅子を振り回してガラスを割って、親にさんざん迷惑を掛けてきた、その出来事を感謝に変える。ネタに変えていって、自分たちと同じように家に引きこもっている日本中の若者に「こうやって変わる方法もあるんだよ」と、メッセンジャーの役割をお前たちが担えと言うんです。同じことで苦しんでいる人間は世の中に何十万人もいる。お前たちは、農業を通じていろいろ失敗を経験するけれど、失敗を次の後輩たちのために全部教えていかにゃいかん。お前たちは〝失敗先発部隊〟や。一番バッター、失敗から始まって二番バッターまた失敗。みたいな（笑）。だけど諦めるな。これが『耕せ・にっぽん』なのです。

☆☆☆

印象に残る表現がたくさんありました。中村さんは、自身の人生の師匠に「仕事というのは、お金を稼ぐもっと前に、人を喜ばせることなんや」と教えられたそうです。お医者さんは風邪を治して喜んでもらう、美容師さんは髪を切って、お客さんから「似合うヘアスタイルにしてくれてありがとう」と笑顔でお礼を言われる。ただの作業ではない、喜んでもらうところまでやって初めて仕事をしていると言えるともおっしゃっていました。私の仕事もゲストにただお話を伺うのではなく、大事なことはこうして文字にして一人でも多くの方に伝えなければもったいないことだと思いました。

（二〇一二年四月、五月、六月放送）

[夢へ第一歩……①]

幼い頃に東京で出会ったロバのパン屋さんの馬が忘れられず、いつか馬のいる北海道で暮らしたいと願ったパティシエール

ル・ゴロワ
マダム　大塚敬子《おおつかけいこ》さん

東京で生まれ育った大塚敬子さんは、幼いころから「北海道で大好きな馬と暮らしたい」という夢を持ち続けていた。その夢に一歩でも近づきたいと北海道の酪農学園大学へ進んだが、厳しい現実を目の当たりにして卒業後は東京に戻ってパティシエ（洋菓子職人）の道を選んだ。

料理人のご主人と結婚した後、東京でフレンチレストラン「ル・ゴロワ」を経営。

今は富良野にレストランを移転し、見事に夢をかなえた。

第一部は、二〇一二年に大塚敬子さんから伺った話です。

馬好きが高じて、酪農学園大へ進学も、実習先で学んだ厳しい現実

大塚　今、東京でレストランをしていますが、北海道でするのが夢でした。東京のレストランでは、野菜から肉、魚まで……、市場に出ていない珍しいものを、北海道の知り合いの生産者から届けてもらっています。ほぼすべての食材を北海道から仕入れているので、気付いたら東京で〝北海道フレンチ〟という名前まで付いていました。食材だけではなく、ある農場の会長さんからは「農業っていうのは人をつくる大切な職業で、農業をバカにしたら人々は生きていけないんだよ」と貴重な言葉もいただきました。

橋本　私も以前おじゃました東京のレストランは、あらゆるジャンルの有名人がお見えになりすごく居心地の良いお店ですね。そういえば大塚さんは馬が大好きで、いつか東京ではなく北海道で暮らしたいというお気持ちだったとお聞きました。

幼い頃の敬子さん

大塚　本当に、馬と動物が大好きで〝ムツゴロウ王国〟に就職したかったくらいです。もともと東京の目黒で生まれ育ちました。子どものころ、ロバのパン屋さんが歌を流しなが

ロバのパン屋（イラスト・エーランチ星名利夫）

ら、蒸しパンを積んでやってきたんです。あのときは確かロバではなく、馬が引いていたのですが……。私は、その馬に会いたくて、歌が聞こえるとニンジンを持っていつも走って行っていました。そのころから、いつか馬と暮らしたい、そのためには馬がいるのは北海道だろうから北海道へ行きたいとずっと思っていました。

橋本　子どものころの大塚さんが目に浮かぶようです。きっと、今と変わらず華奢《きゃしゃ》で、目が大きくて、かわいい女の子がロバのパン屋さんの前で、ニンジン片手にニコニコしていたのでしょうね。

大塚　どうしても北海道に行きたくて、酪農学園大学に進みました。農業実習で、生産者のところに行くのですが「お前はモノを知らない」と怒られっぱなしでした。東京のぬるま湯で育った世間知らずですからね。実習先の農家は開拓三代目で皆んな開拓で入って、肩寄せ合って生きてきたそうで。人間はこういうふうに生きていくんだという姿がカルチャーショックでした。今でも忘れられません。ある日、ボロボロの開拓農家に行ったとき「ここに荷物を置きなさい」と、ご夫婦の寝室に通されたんです。そうしたら、大きなダブルベッドがボンと置いてありました。私はびっくりして言葉も出せずにいたら、おじいちゃんが「いやー、くっついて寝ないと寒いんだよ」と。何て素敵な人たちなんだろうと、私、涙が出ました。

ただ、動物が大好きなので、売られていくのを見るのが辛くて。ある日、食肉処理場に行かされたときは、もう辛くて外に出たら首をつかまれて戻され「これを毎日仕事としている人たちの気持ちを考えなさい」と言われて、もう自己嫌悪でした。そのまま北海道に残りたかったのですが、やはり東京の甘っちょろい娘だったのですね。心が折れて東京に戻ってしまって、そのとき北海道は一度遠くになりました。東京で身を立てるため、お菓子作りの修業をしてパティシエールになったのですが、それでも北海道が忘れられなくて……、その間も、実習に行った方々など生産者とはつながっていました。

結婚して、主人と東京で店を出すようになってからも北海道で暮らしたくて、私のこの思いを主人にも伝えました。でも、当時はまだ私たちは北海道から呼んでもらえなかった。

橋本　そんな暮らしの中でも、馬に対する思いは変わらず、馬と一緒にいたいという気持ちは強かったのですね。

大塚　はい。廃馬になる直前の馬をもらい受けて、東京は飼う場所がないので、高速で行くと意外に近い山梨に小さな牧場を借りて結局四頭飼っていました。

毎晩仕事を終えて夜中の十二時半過ぎに主人と二人で車に乗って、馬小屋の隅に私たちも寝るスペースをつくってエサをあげて、翌日のランチまでに必死で帰るという生活を続けました。ハードな生活でした。それで、東京の乗馬クラブに預かってもらうようにしたのですが、狭いせいか一頭がストレスで病気になって、「ゲンキ」という名前の馬なんですけどね。ある方のツテで馬たちは十勝の牧場に引っ越したのです。そうしたら、名前の通りすごく元気になってパカパカ遊んでいました（笑）。

連れてきた四頭の中の一頭に「あかりちゃん」というメス馬がいるんです。将来、その「あかりちゃん」が馬車をひいて私の作った食事を後ろに乗せて、農道を歩くのが夢なんです。

畑の中を走るロバのパン屋さんに強い憧れ

橋本　ロバのパン屋さんは、もう焼き付いているのですね。

大塚　はい!!　その夢、消えていないんです。もう使命感になってきていますね（笑）。

お馬さんたちは十勝から移って、今は富良野にいます。私も東京から時々馬のそばに駆け付けました。畑があって本当にきれいな場所です。感動とかそういう言葉ではなく、ただ涙があふれてくる。そんな風景を写真に収めて去っていく観光客じゃなくて、もっと見てもらいたいものがあるなと思います。畑が日々刻々と変化して、忙しいときはトラクターが道にあふれるくらい働く夏、そして真っ黒な土から芽が出て、それがあっという間にすごい緑になって、秋の収穫という毎日のゆっくりとした変化、あれを東京の人たちに見てほしいんです。

ある日、農家の方に「こんなきれいな農道をいつか馬車で走って、もっとゆっくりした速度で皆さんに見せてあげたいんです。馬で走りたいから、そのときは、ここの農道を通らせてもらえませんか？」と言ったら、「ダべ。実はオヤジからは『きれいだなんて思うな、オマエは土にへばりついて働くんだ、農家はそうなんだ』と教えられているけど、トラクターで移動しているとき、速度が遅いから、することもなくて景色を眺めるんだ。オラの畑、なんてきれいなんだろうと、実は思っているんだ。恥ずかしいから、口に出して言えないけど、でもきれいだよナ」（笑）。と言ってくださったんです。

ヨーロッパにはたくさんあるんです。休日になると、農家の人たちがワインと、ちょっとしたごちそうを積んで、その馬車の真ん中にテーブルがあって、街の人たちがそのテーブルを囲んで、ワインを飲んだり食事をしたりして、一日中ずっと畑で過ごしている。馬も途中で草を食べたり、昼寝をしたり。そんな一日を地元の人にも東京の人たちにも味わっていただきたい。私のこんな夢、現実のことになるのでしょうか。

（第二部へつづく）

☆☆☆

大塚さんは富良野の森の中に馬たちが入っていったとき、それまで人を寄せつけない空気に包まれていた森が、馬が下草を食べ、土を踏んで整えると喜び始めたのがわかったそうです。そして、満月の夜はその森の中でコーヒーを飲み、馬たちと一緒に過ごすほどお気に入りの場所となりました。そんなとき、森の木々たちも喜び「私、ここに住んでいいんだ」と受け入れてもらえた感じがしたそうです。このインタビューから五年半後、再び大塚さんにお話を伺えることになりました。

（ここまで二〇一二年十二月放送）

馬が好き―酪農学園大学時代

富良野の街を見渡す丘
「ル・ゴロワ　フラノ」
爽やかな風を感じながら……

［夢へ第一歩……②］
倉本聰さんに背中を押され、新富良野プリンスホテル敷地内にル・ゴロワ フラノオープン

ル・ゴロワ フラノ
シェフ　大塚《おおつか》健《けん》一《いち》さん

パティシエール
マダム　大塚敬子さん

五年半前、いつか北海道で馬と暮らし「自前のロバのパン屋さんを――」と夢を語ってくれた大塚敬子さん。

二年前から来道し、富良野でル・ゴロワ新店を開く準備を進めていた。

そして、ついに二〇一八年五月、新富良野プリンスホテル敷地内にオープン。

第二部は、ご主人の大塚健一さんを交えた話を――。

健一さんをシェフ、敬子さんをマダムと記した。

長年の夢が、ついにかなって富良野での馬との生活

マダム　北海道に来て、森の中に住んでいますが、いろいろなアクシデントもありますね。自然は本当に厳しいものだけど、逆にあるときは寛大で、優しくて、自然の中で暮らすことを体で感じることがあります。それは、いろいろなことを許してもらえるけれど、自分が思っていることなど自然はそっちのけ。さまざまなことが生じる中で、自分のことだけを考えて生きていくのはつまらないことです。台風があったり、大雪があったり、そんなときにうちの馬たちと「生きていて良かった」と言いながら生きていく。そんな日々の中で自分も「社会や世の中のために」と意識するように変わってきました。

橋本　今はどんな生活を?

マダム　富良野の山奥で、昔からあるお家を直しながら、馬たちと一緒に暮らしています。暖房は薪《まき》を割って薪ストーブ。電気も来ていますし、電話も固定電話ではなくて、増幅器を使って携帯電話です。

　敷地内には素敵な古い馬小屋があるのですが、うちの馬たちはほとんど馬小屋には入らず我が家の周りをウロウロ、ウロウロ……。家の中に首まで入れてくるのですが、それ以上入って

夢を追い続けてきたシェフとマダム

くると家の中がメチャクチャになるだろうナって阻止しています。本当はお馬たちと一日中一緒にいられたらそれが幸せ!!

橋本　本当によくいらっしゃいましたね。

マダム　もう北海道に住みたくて、四十何年。いつかはきっと消える夢だろうと、ずっと思っていたんですが、これだけはどうしても頭から離れない。北海道で馬と一緒に暮らしたいという夢が、最後まで残っていました。そして、今暮らせるようになった。思い続ければかなうのかなぁという思いだけです。

橋本　ご主人もよくぞ、奥さまとご一緒に。

シェフ　はい。馬が好きなのは最初から知っていましたが、本当に一緒に住むとは思いませんでしたね（笑）。だって、あんなに大きいじゃないですか。僕はそんなに馬と触れ合ったことがなかったのですが、この人がウマ、ウマ、ウマ、ウマと言うので、なんか一緒に行ってみようかナ〜って。馬に近づくと優しい目をしているし、触ると温かくて、大きくて、何て言うのかナ、悪いものを吸ってくれそうな感じで僕もだんだん好きになったというところですかね。

橋本　平たい言葉で言うと〝感化された〟？

シェフ　そーそー、そんな感じ（笑）。

橋本　さて、シェフは北海道「食のサポーター」をなさっていて、北海道の野菜を皆さんへ発信するという重要な役割も担っていらっしゃいますね。

シェフ　そうです。生産者とのつながり。つながりというのは、顔が見えること、土の香りがすること、風の匂いがあること。そういったことを僕らが感じて、それをお客さまに伝えるのが、僕らの仕事の一部でもあるのかと思っています。そして、北海道に来ることで、さらに生産者と近くなり、もっと密にできるのではないかと。

倉本先生との出会いで背中を押される

橋本　レストランの準備は？

シェフ　レストランのコンセプトは倉本聰先生がお考えになって、メニュー、生産者のこと、キッチンのレイアウト、備品のことなど、やることはたくさんありますが、準備してきました。

橋本　倉本先生とは、東京のお店時代からのお付き合いだそうですね。

シェフ　僕らは大ファンで、お芝居の東京公演があると必ず見に行って「こういうお店していますし」と名刺をお渡ししていたのですが、先生もお忙しい方でやっとお越しいただいたのは今から七、八年前だったですかね。突然いらしていただいて、お料理を召し上がっていただき、彼女の馬のこと、北海道に対する思いなどを聞いていただいて、それから少しずつお店に来ていただくようになりました。

僕は倉本先生のこと、すごい方だと思います。料理の試作を食べていただくのですが、先生はまぁ、十回に一回くらいしか褒められないですね。褒めるのも大切だとは思うのですが、先生は「良くなれ‼」と思って言ってくださっているので、厳しく言っていただいた方が愛情を感じますね。とても優しいけれど、厳しい。ホント、何事も真剣です。食べてるときも、テレビを見るときも、僕らにお話してくださるときも。素晴らしい方だと思います。

マダム　人間ってステキだなと思わせる方ですね。よく立派な方からは、立派なお言葉をいただいて背筋が伸びる、緊張してしまうというのがありますが、そういうことではなくて人間の寂しさ、悲しさ、くやしさ……、後ろめたいことなど、人間しか感じないようなとても複雑な思いを、最後は愛情で全部まとまっているような……。

橋本　倉本先生とお二人の世界のバランスが良いのだと思います。私からすると、全部見透かされそうで、あんまり近くには……。

マダム　あっ、全部見透かされているのがわかります。私が取り繕って何か言っても、目の奥でニヤニヤされているようで、あっ、全部わかられているなぁと感じることがあります。

橋本　それが、また良いのですかね？

マダム　イヤ……、イヤですよ。悲しい。自分がなんてダメなんだろうって。いつも情けなくなります。でも、その百倍くらい素晴らしさを教えてくださるというか。私がいろいろなことを楽しめるように、考えられるようになったのも、先生が「何でもっと楽しめないの？」とおっしゃるからです。辛いときに楽しむってどういうことかわからなかったんですが……、考え方や行動によって楽しむ、意味は違うかもしれませんが、自分をないがしろにせず、大切にできるものは何だということを教えてくださったのだと思います。

橋本　倉本先生は、新しいレストランにどういうふうに関わっていらっしゃるのですか？

シェフ　北海道富良野という場所、それから生産者もそうですし、景色も味わっていただきたい、もちろん料理も。そして富良野の周りも楽しんでもらいたい。全てを楽しむ要素が富良野にあるんだ、富良野でできるんだということを、先生はこのレストランで目指していらっしゃるのではないかと思うのです。ですから、レストランのデザインや内装、メニューにも……、すべてのことに先生の思いが入っています。僕らも、その先生の思いに沿ってやっていこうということです。

あれから一年。
あと一年！
お元気ですか。
北海道に移り住んで一年が経ちました。
深く豊かな大自然と向き合う暮らしは
毎日が驚きと感動の連続です。
薪窯を作り、台風の猛威を体験し、
北海道でのル ゴロワ開店を実現させるため、
精一杯の毎日を送っております。
皆様とお約束した今年6月のオープンは
残念ながら果たすことはできませんでしたが、
こちらで新しいご縁をいただき、
2018年、来年の初夏に富良野で
開店することが決まりました。
諸々の事情で公表できず
皆様へのご報告が遅れましたこと
深くお詫び申し上げます。
これまでのル ゴロワに加え
新しい風も吹く様な爽やかな店となり、
皆様をお迎えできますよう
あと一年、どうぞ楽しみにしてください。
2017年7月　大塚健一　大塚敬子

2017年7月に届いたハガキ

橋本　シェフはもともとフレンチですが、倉本先生の思いで新店はイタリアンだと聞きました。抵抗はなかったのですか？

シェフ　抵抗はありません、もちろん。先生は常に新しい作品を生み続けています。一生懸命な姿を見て、僕も新しいことに挑戦しなければいけないのではないかと思っています。素材をいじくり回さないで、良いところをストレートに出してあげるのが、イタリア料理の良いところで、北海道もそれに近い。同じように良い素材がそろっているので、イタリアンが合うのだと。まぁ、先生はスパゲッティが大好きなんですけれどもね（笑）。

橋本　お二人とも、このお仕事ではキャリアと誇りをお持ちになっています。倉本先生は料理人でもないし、デザイナーでもありません。そこで、先生が要求されることと、自分たちがこれまで築いたものと、葛藤のようなものもあるのでは？

六十歳は人生の節目
だからこそ新しい気持ちで夢を見直そう

マダム　それは、たくさんありました。先生の周りにいらっしゃる方、皆さんすごく真剣に生きていらっしゃる方たちで、自分をどんどん変えていけるというか、先生もたぶん私たちに「もっと自由に新しいことをやれる人間になりなさい」と言ってくださっていたのだと思います。

自分たちが大切に思っていることだけで、自分たちが出来上がってしまう。あるとき、私たちが「もう六十歳になろうとしている私たちが、これから全く変わったことをするというのは、すごく難しいことなんじゃないか」と、こぼしたことがあるんです。そうしたら、先生から「何？　いくつ？　若者が何言ってんだい、二十年早い」と叱られたんです。そのとき「あ……、そうだなぁ、私たちはまだ若いんだ」と思ったんです。それからしばらくして先生が新聞に「六十歳の若者たち」という記事を書かれていました。内容は「六十歳といったら定年になったりで人生の節目。しかし、だからここでピリオドを打つのではなくて、ここから始まるという考えを持てないものか。それこそ、若いときはサラリーマンになって会社の言うことを聞いたり、我慢せねばならないこともたくさんある。そんなときに夢をどこかの引き出しに仕舞っていないだろうか。六十歳になったとき、その引き出しを開けてみて『あっ、こんな夢みていいたんだ』と思って、もう一度その夢を見直そうと思えるだろうか」と。

ホント、六十歳はまだ若者なんだって。これから逆に違う意味で、例えば、金銭的にも自由になる、このとき、また夢を見直せるってステキなことなのではないかしらと思って……。でも考えてみたら、私は夢をずっと引き出しに仕舞っていなかったな……、ずっと夢を見続けかなわずにこの年まで来たけれど、まだまだ新しい気持ちで同じ夢を見続けることができると思い直したこともありました。

橋本　はい、確かに。そして、もうそろそろ人生の集大成かなと思うところに、また皮をむかれてもう一歩上へということになると、質が高まりますね。

マダム　そうです。たぶん先生はシェフにそれを求めていらっしゃるんだと思います。厳しいお言葉で、はたで見ていてシェフは大丈夫かナ……と思ったときもありました。でも、今まで自分が守っていたものを一回全部捨てて、全く違う人になれってことですよね。それができる人ってなかなか……。でも、シェフはできそうなんです。

シェフ　まぁ、そういった料理のジャンルというのを、あまり意識しないで、料理人であるということは、来てくれたお客さんが喜んでくだされば良いので、そこに向かって頑張れば良いのだと思います。

そんなに気合いを入れて頑張ると空回りしてしまうので、自然体でできるところまでやりた

ル・ゴロワ フラノ
おかげさまで1周年

北海道にも、ようやく春が訪れ、遠くの白い山々に、
青い空がまぶしい季節となりました。
ル・ゴロワ フラノは、5月28日に開業1周年を迎えました。
これもひとえに、ル・ゴロワ フラノを
応援してくださいます皆様のおかげと、
心から、感謝申し上げます。
北海道に移住して、山あり谷ありの2年間、
オープンしてからも、同じように、
いろいろと新しい体験を積み重ねております。
山あり谷ありは、
私たちが好んで選んだ道のようです。
今日より明日、1年目より2年目はもっと…
山を越え、谷を越え、ますます元気な
ル・ゴロワ フラノでありたいと思っております。
富良野の森には、相変わらず5頭の馬
(1頭は修行に出ております)と
牧畜犬のレイと五郎丸がいて、
何も仕事が無い猫たちは、
1匹ふえて4匹になりました。
機会がありましたら、
どうぞお立ち寄りください。
大歓迎です。
いつの日にか、皆様に、お会いできますように。
大塚健一　大塚敬子

2019年6月に届いたオープン1周年のハガキ

いですね。

マダム　私たちは、たぶん何かになりたいというより、何かをしたいとしか思っていないですね。ですから、お店のことやお料理のことは、人の役に立つとか人に喜ばれるのが仕事だと。

レストランは「文化」だと思います。ただ物を食べる場所ではなく、人々がレストランを育てるというか。レストランという生き物に魂が入ってくるのですが、それは私たちが入れたのではなくて、お客さまがつくってくださるのであって、レストランも出会いや縁と一緒で、レストランをしてるっていうことは人の人生と一緒に沿って歩くことだとつくづく思いますね。

橋本　富良野にぜひ立ち寄りたい、新しいポイントが誕生したということですね。

マダム　はい、倉本先生からは「夢みる夢子が……全く……」と言われていますが、できれば

シェフの作ったランチボックスを持って、どこかの牧草地に行って、「あかりちゃん」はその辺で草を食べて、お客さまと一緒にワインを飲みながら酔っ払って、ごはんを食べて……。富良野の牧草地の中に立っているとそう思います。あまりにもきれいで。

☆☆☆

マダムだけでなくシェフにも素敵な夢があります。薪窯で料理を提供すること。原始人やヨーロッパの人たちも使っているそうで、燃料は富良野の倒木。直火ではなく、ふく射熱で肉や野菜を焼いて食べてもらうそうです。野菜もゆくゆくは自分の畑で栽培したいとか。五感がくすぐられる富良野で味わってみたいですね。

あっ、最後にマダムは、まだまだ夢の途中だそうです。

（二〇一八年五月、六月放送）

［「叩けよ　さらば開かれん」でチャレンジャー人生を楽しむ　①］

フランスやイタリアの田舎で農業を営む人たちから学び、自分で羊を育て乳製品を作る

石狩ひつじ牧場・チーズマーケット
代表　山本知史《やまもとともし》さん

中学校の教師、家庭教師、珍味販売、ワインの輸入販売、そして輸入チーズ専門店……と、さまざまな仕事を経験した山本さん。その山本さんが、ある日フランスのピレネーで、

羊のヨーグルトを食べて感動した。
何とか輸入しようと試みたが、賞味期限が余りに短く断念。
結局、羊を飼わないと乳製品を作ることができないとわかり「石狩ひつじ牧場」を開く。

羊たちの柔らかい鳴き声が春感を盛り上げる

山本　この羊たちは、生まれも育ちもオーストラリア・メルボルンです。僕はチーズの輸入をしているので「輸入業」ですが、生きている羊の輸入は難しい。去年の一月か二月くらいにオーストラリアやニュージーランドに行って、生産者に会って検疫や税関上の問題をいろいろ調べて、向こうで検査機関を回って、いろいろな証明書を取って、まぁ、普通は出来ないと思うけれど、自分でやっちゃった。ハハハ（笑）。

橋本　よくぞご自分でなさいましたね。

山本　うん。それをプロに頼むと何百万円もかかるからさ。成田空港での係留《けいりゅう》期間が三週間で、この間に法定伝染病にかかっていないかなどを調べる。僕らは自炊して朝晩二回、八十頭の体温を計っていたんだけど一回に付き二時間半かかるのさ。体温の測定だけで、朝夕あわせてで五時間はかかる……、大変でしょ？　それを僕らは三人でやって、それから成田から今度は陸送とフェリーで苫小牧から運んで来て、全部自分たちでやったのさ。

自分たちで建てた足場（2017年9月）

僕の場合、ヨーグルトを作ろうとしているから、おっぱいがいっぱい出る乳用種じゃないとダメ。でも乳用種は日本で誰もやっていないから。羊のミルクのヨーグルトなんて聞いたことないっしょ。

人工授精でお腹に子どもを入れた状態で輸入したから、ちょうど来月あたりに産まれて一カ月授乳の期間を置くと、五月下旬から六月くらいにここ石狩で羊のミルクを使ったヨーグルトが出来るという流れさ。

橋本　羊の飼い方をどこで習ったんですか？

山本　いやぁ、たいして習ってないよ。本を読んだり、YouTubeで見たり、後はフランスやイタリアで飼っている人の話を聞いたり。きちんと専門の大学を出てやっている人も多いと思うけれど、僕は五十歳過ぎてからやろうと思ったから今さら学生になっても仕方ないので、だから独学だね。

フランスやイタリアの農業人が教えてくれた生き方

橋本　チーズマーケットもなさっていますし、いろいろなお仕事をされてきたそうですね。

山本　そうそう。僕は最初、三十二歳まで中学校の理科の教師をしていた。いやぁ、先生も楽しかったよ。放課後はサッカー部の顧問をやって、初めは零点だったチームが練習を重ねて東京都の大会でベスト8までいったのさ。僕もがむしゃらにやったもんね。僕は生まれたのが大阪で、実家は福井。かみさんと東京で結婚して、別に北海道に親戚や知り合いがいたわけでもないけれど、子どもを育てるなら北海道がいいかナ〜と思って教員の採用試験を受けて紋別の中学校の先生になったのさ。結局、子どもはいないけどさ。

新婚旅行で初めてのイギリス・ロンドンで飲んだワインがおいしくて忘れられなくて、それで先生はもういいかナ〜辞めようかナ〜と思ってかみさんに言ったら、僕、山本クンって言われているんだけど「山本クン、デパートでエプロンをしてワインを売ったらおばさんたちに囲まれてワイン売れそう」というわけさ……、ハハハ（笑）。確かにメッチャ売っていた。家庭教師や珍味販売のアルバイトを経て、かねがね事業を興したい思いもあったのでワインの輸入で身を立てようと。でも、酒販免許を取るの大変なんだよね。「日本ではなりたい仕事にもつけないのか！」と思って、必死で勉強して免許を取ったさ。ハハハ（笑）。それまでは子どもたちを励まして成果を出していたから、今度は自分で勉強して自分を高めていけばいいかナ〜と思ってさ。

橋本　語学もマスターしているのは強みですね。

山本　イヤ〜ホント。フランスやイタリアの田舎で農業やっている人は、つましい生活をしているけれど生活そのものを心から楽しんでいて、そこに喜びや価値を見出して完結している。

だから、ちゃんと語学を勉強して自分で運転して田舎のそういう素朴な人たちと触れ合うのが大事だと思ったのさ。僕は四十九歳でイタリア語をマスターした。「ロゼッタストーン」という学習プログラムがあって、十八カ月で七、八万円もかかったのさ。僕は元を取れないのがイヤだから、がぜん張り切って一年くらいでしゃべれるようになった。そうしたら、それまで輸入できなかったイタリア語しか話さないおっちゃんの小さいチーズが輸入できるようになったのさ。

僕は、別にクリスチャンでもなんでもないけれど「叩《たた》けよ、さらば開かれん」さ。アクションを起こせば何か道は開かれるから、そういう感じさ。

橋本 へェ～。普通は「もうしんどいナ」「もういいかナ」と思うかも……。

山本 それはね、橋本さん！　はっきり言って良いもん食ってないわ。ハハハ（笑）。ダメダメ!!　良いもん食って、良く寝て、腹いっぱい笑えば、次の日はリセットされて必ず新しいエネルギーがふつふつと沸いてきて、また挑戦したくなる。

だから、僕はこれをやろうと挑戦したのも、自分で作れないものは人から買う。その生産者がフランスやイタリアというだけのこと。牧場も、自分がフランスで食べた羊の乳製品も賞味期限がとても短くて輸入して売ることができない。ならば似たような手作りのチーズやヨーグルトを石狩で作れば皆んなに食べてもらえるでしょ。結果、動物を持っていないとうまい乳製品は作れないという結論に至ったわけさ。それで雇用も生まれるし、後継者もできるし、また

羊乳100%で作ったチーズ（石狩ひつじ牧場）

羊のミルクの栄養価は牛乳の一・五倍から二倍近くあるので一〇〇cc飲めないお年寄りも半分の五〇ccくらいで胃にも負担にならない。消化もいいし咀嚼《そしゃく》できない人向きでもある。つまり高齢社会でも役に立つ、あぁ何と良いことなんだってね……、アハハ（笑）。僕しかいないでしょ、こんな羊に何千万円も金かける人、アホだね（笑）。

橋本　新しいことにチャレンジするとき、不安もあると思うのですが……。

山本　うん。不安もあるよね。だけど、不安というのは何もやらなかったら不安だよね。そこを突き詰めていけば不安の大きさは必ず小さくなってくる。例えば、毎日練習をするとか、準備を怠らなければ不安なんてないと思いませんか？　準備不足だと不安はあるだろうしね。

僕はねぇ、フランスやイタリアの農家で自分で家畜を育てて乳製品を作っている人を見ていると、やっぱり日本人にはないキラキラしたものを感じるんだよね。それで僕も楽しくなるわけさ。五十代は僕の人生の中で一番楽しい……。それをあるイタリア人に話したら「お前、何を言ってんだ。六十代の方がもっと楽しいんだぞ」と。考えてみると、六十代になってから楽しいわけじゃなくて、その人は四十代、五十代も、ずっとちゃんとやっていたから積み重なって楽しいわけさ。

だけど日本は五十歳、六十歳とだんだん老いぼれていくみたいな、二十代がピークのような、そんな発想が多いじゃない。違うのさ。ヨーロッパに行くと、そうやって物を作っている人は日本人の哲学では考えられないような、五十代、六十代、七十代は、もうナイスって感じがあるわけ。やっぱ僕もそうだ、一緒だって思って。そういうおっさんになっていくにはちゃんと行動を起こさねばいけないなぁ～って思ってさ。ハハハ（笑）。

☆☆☆

働く手を休めず、インタビューに応えてくれる山本さんの様子で一番印象に残ったのは、笑うときに天をあおいで高らかに笑う姿。五十歳半ばでこんな気持ちよく笑える人って素敵だと素直に思いました。

農作業をされている方や家畜の面倒をみている人は常に忙しいので、インタビューや取材に時間を割いていただいては申し訳ないと知っていながら、どうしても、また定期的にお話を

羊たちと出会ってよかった！

伺って〝扉を叩く〟ことの大切さを思い出したくなります。
（二〇一七年四月、五月放送）

奥様美奈子さんが編んだ赤チョッキのななちゃん

ニュージーランドの羊のブリーダーさんと（右から2人目が山本さん。左端が奥様美奈子さん）

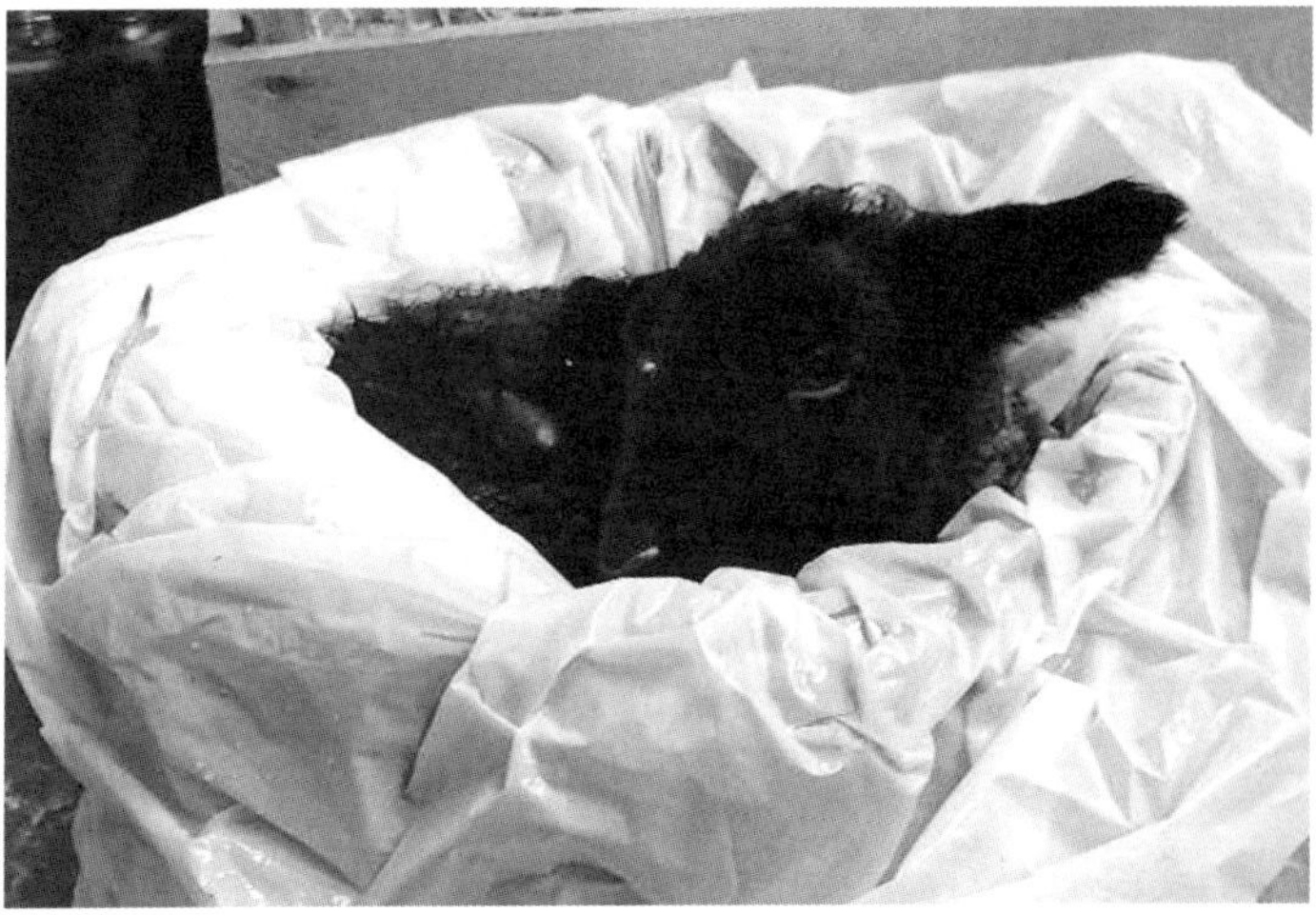
うぶ湯につかる赤ちゃん羊

［「叩けよ　さらば開かれん」でチャレンジャー人生を楽しむ②］

羊に巡り合えて本当によかった。水のこと、命のこと、乳製品のことなど、たくさんのことがわかるようになった

石狩ひつじ牧場・チーズマーケット
代表　山本知史さん

最初のラジオ放送から一年、「石狩ひつじ牧場」はどうなったのか？気になっていた矢先に、山本さんから一通のメールが届いた。内容を見て驚いた。「スゴイ‼　反響があったんだ」――。友の会にも登録《とうろく》したディレクターと一緒に、以前よりも少しだけ大きな顔で再訪した。

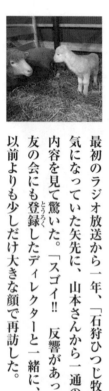

役立ててと大金をボンと

橋本　前回放送した後、うれしい話があったそうですね。

山本　そうそう。ラジオを聞いてくれていた八十歳くらいのおばあさんから電話があって「すごく感激したのでお力になりたい」と言ってくれたのさ。だけど、力仕事はできないだろうから、何なのかナ〜と思ってお話を聞かせていただいたら、その方は札幌で不動産の仕事をされているようなんですね。それで牧場へ案内したときに、ちょうど子羊が産まれたときで感動してくれて「いや〜、そうしたら、五百万円出すわ」と言うのさ。

橋本　えっ？　どういう話ですか？

山本　それが……。だから、二人で銀行の窓口に行ったんだわ。そうしたら偉そうな人にそのおばあさんが「この人に五百万円あげてちょうだい」と言うんだわ。銀行の方は「どういう関係ですか？　今はやりの〝オレオレ〟じゃないんですか？」って聞いてくるわね。だから「この間知り合ったばかり」っていって（笑）。「〝オレオレ〟は二人でこない」と言って大笑い（笑）。それで、結局その場で担保も付けず五百万円を融資してくれたのさ。そのお金で三号舎を建てたの。いや〜農業はお金がかかる、あれ建てるだけで五百万だからね。でもさ、橋本さ

三号舎の建築費用は500万円？

んだって今までの人生で「アンタに五百万円貸してあげる」とポンと出す人に会ったことないっしょ？

橋本　はい。もちろんありません、一回も、一人も……。

山本　やっぱり、僕は幸せ者ということっちゃ。

橋本　滅多にない、いい話ですね。それにしても牧場は活気がありますね。工事も忙しそう。

山本　今月は特に出産が多かったので、放牧の準備で電気柵を張ってね。前は理科の先生だったから、たいした知恵はないけれど出来るしね。太陽光のソーラーを使った電気柵のキットがあるんだ。だから楽っちゅうかね。ひつじ牧場友の会の皆さんやチーズマーケットの仲良くなったお客さんとか、各々の得意分野を持ち寄ってやってくれるのさ。配線とか大工さん、コンクリートを扱うのが上手な人とか。皆んな目的や夢があって、一緒になってやってくれるからありがたいですよ。そして見学者も増えてきて。この前、東京の歯医者さんが「自分も未《ひつじ》年生まれだから」って、わざわざお土産を持って来てくれたし、沖縄の方もいましたね。もともとチーズマーケットのお客さんだったり、インターネットを見て来てくれたり。チーズを作っていることや、こうして牧場をやっていることに共感してくれたりしてね。

学びは未来の扉を開ける原動力

橋本　山本さんご自身も海外に出て、勉強されていますよね。

山本　そうそう。去年の放送からまた二回フランスに行って来ました。

南フランスは羊のチーズ作りの盛んな所で、いつ行っても教えてくれる。あの辺はオープンなんだね。日本人ならどうだろう？　知らない人から尋ねられて平気で教えてくれるかなぁ……。

多分僕もそうなんだけれど、自信がある人って教えてもその人は自分以上のものを作れないという自信があるのさ。ただ、これとこれと、これを混ぜればこうなるってものでもないし……、やっぱりタイミングや温度、頃合いがすごく大事だしね。だから、自分に自信のある人って公開するのね。「やってみぃ〜」みたいな。僕はそういう人と会うことが多かったから、やっぱりそういう人になりたいし。日本でやりたい人がいたら教えてあげようかナ〜って。良い意味で情報を公開し合うことで回転するし。

教える側の師匠も、弟子が「出来ました」と言って持ってくる物を、良い物だと取り入れるだろうし。そこで教えないとなると、つながりがプチッと切れてしまう。

勉強は自分の未来の扉を開ける原動力だし、学んでいる最中は最大の娯楽さ。スポーツをやるのも快感だと思うけれど、勉強するのも快感なのさ。

橋本 学術的な勉強も大切だと思いますが、お話を聞いていると何が起きるかわからないことへ対応する〝現場力〟を磨くことが求められているようですね。

山本 そだね。経験とか人の話を聞くとか。そして、これが前に言っていたことなんだとかね。それが結びついた瞬間が〝生きた勉強〟なのさ。羊を飼って本当に良かった。おかげで水のこと、命のこと、乳製品のことなど、いろんなことがわかるようになったもの。

橋本 牧場も新たな展開をするようですね。

山本 そうそう。去年やってみて思ったのは、例えば牛乳だったら搾乳して直ぐにホクレンとかの売り先があるじゃないですか。ところが、僕は羊のミルクを搾った後どこも納品先がなくて困ったさ。販路のない農産物を作っているのは日本で僕だけだって（笑）。えらく困ったけ

ニュージーランドでブリーダーさんから良い羊の見分け方を学ぶ

れど、ヨーグルトやチーズなどの加工品は農業のためにやっている農地では作れない決まりになっていると、難しいことを役所から言われて。

ところが幸いにして先月グリーンツーリズムの指定を受けて六次産業化でこの牧場で乳製品を作れる見通しが立った。都会の人を田舎に呼んで週末自然に触れ合ってもらうプログラムをつくり、ここでヨーグルトやジェラートを作って売って食べてもらえるのさ。

まぁ日本の役所もそうだし、日本人もそうなんだけど、何でも人の評価を気にするせいか「例年通り」が好きだもんね。学校の先生をやっていたときに職員会議で「はい運動会、今年も去年と同じ内容です」と言うとだいたい通るんだ。もし「今年はこういうことをやろうと思う」と言うと、皆んな何も提案しなくなって会議が長引いてさ。だから「例年通り」となるのさ。もう、よどんでいるナ～って感じ。でも、こうやって自分でやれば、また大変なんだけどよどむことはないからね（笑）。

僕が今、こうして羊と一緒に楽しく生きられるのも、何か価値を付けていけば、農家もやり方によってそんなに借金をつくらずやって行けるのではないかということを、僕の人生の後半をかけて検証している最中さ。うまくいくかどうか、わからないよ、全然……（笑）。

☆☆☆

日々チャレンジだから当然リスクもあります。こんな失敗があったそうです。

メスの毛刈りの最中、オスが紛れ込んだことに気づかず、ヘソの下の刈ってはいけない部分（おチンチン）にバリカンを入れてしまい、血だらけの羊を大急ぎで自分で縫ったことや、羊たちがエサを保管している倉庫に隙間から入り込み、際限なくエサを食べ、食べ過ぎて数頭を死なせてしまったこと……等など。本当にラジオを聞く暇もないくらい大変で忙しいそうです。それでも、またマイクを持ってお話を伺いに行きますね。

（二〇一八年六月、七月放送）

銀行員から、ニセコでワイナリーオーナーへ
培われたプロジェクト管理のセンスを活かす

羊蹄グリーンビジネス
ニセコワイナリー　オーナー　本間《ほんま》　泰則《やすのり》さん
絵本作家　妻　眞由美《まゆみ》さん

北海道でも有数の豪雪地帯ニセコ町で、ワイン作りに挑戦している本間泰則さん。新潟県佐渡島出身で北海道大学を卒業後、金融業界の道へ進み、アジア開発銀行時代は世界を舞台に飛び回り、開発途上国のプロジェクト分析などに携わった。二〇〇五（平成十七）年に縁あってニセコ町内の土地を購入し、そこの傾斜地を見てブドウ栽培・ワイン作りを決意。

撮影：数井星司（copy right©）

○八年に初めてブドウの苗を植え、土作りをしながら、オーガニックワインを生産。
ニセコブランドを活かした「ニセコオーガニックスパークリングワイン」を世に送り出した。

グローバルな血筋を受け継ぎ、世界各国を舞台に活躍

本間　実は狙っているワインのスタイルが「シャンパンスノー」のイメージなのです。背の高いフルート状のシャンパングラスの中に、長く続く泡立ちと若干の白い濁りが特徴です。これが、ニセコのパウダースノーを想像させるという商品コンセプトです。シュワー、シュワーという普通のきれいな泡だけではなく、少し濁ったきめの細かい泡が大事なんです。ニセコのスキーヤーやボーダーの仲間たちとニセコの雪の素晴らしさをどう表現するか、聞き慣れたパウダーではなく、昔使われたアスピリンスノーでもない別の呼び方、それが今「シャンパンスノー」と言われているのです。そのシャンパンスノーが、まさに目指すワインのイメージです。だから「ニセコ」なんです。

橋本　本間さんの目、輝いていますね。

本間　そうですか？　私の目、自分では小さいと思っていたのですが（笑）。本当に楽しい生活だと思います。

橋本　本間さんは、初めからワイン作りをしていたわけではないですよね。まずはワインに到達するまでの人生ストーリーをお話していただけますか？

本間　今、六十五歳です。普通はこの年になると定年を迎えて悠々自適の生活や第二、第三の人生を楽しんでいるというのが一般的なパターンですよね。ですから周りの方々から「何を好き好んでこんなリスクを背負ってワイナリーなんか始めたんだ」とよく聞かれます。いくら気持ちはあっても体力がないとできないことで、私はたまたま重労働も問題なくこなせる健康に恵まれています。

　出身は新潟県の佐渡島です。母方の祖父がカナダで長い間働いていました。明治時代カナダへ移ってカナダの会社で働き、母が生まれました。ですから母は今で言う「帰国子女」なのです。そういう家だったので、外に対する感覚は違和感がなく当たり前だったのです。佐渡島の外は本州ではなくもっと外、そういう意識があって学校を選ぶときは北海道を選んだのです。それで就職するときも北海道ではちと狭すぎて、もっと外ということで海外勤務を選んで、最終的にここに戻ってきたのです。まぁ家系というのはすごいもので、私の三人の子どもも皆海外に住んでいます。

橋本　なぜ学校は東京ではなく北海道だったのですか？

本間　やはり大自然と〝Boys Be Ambitious〟という言葉にひかれて来ました。北海道大学の理系で学び銀行に入りました。当時の銀行は、昔のように法律や経済を勉強しただけでは回らない時代で、技術的なことを要求されていました。とは言え、やはり現場はそろばん勘定が中心で何となくしっくりこなかったのです。幸い奨学金を得てアメリカの大学院に留学することになりました。私がアメリカで勉強しているとき、ちょうどパーソナルコンピューターが、世の中に製品として出てきた時代だったのです。今のアップルが大企業になる前の、スタンフォード大卒業生二人がガレージで作ったという、いわゆる〝弁当箱〟がコンピューターセンターに持ち込まれ、展示された時代でした。当時、私はレポートを書くために大きなコンピューターを動かしながら、いろいろな計算をしていたので、自分もあの〝弁当箱〟を仕事に役立てることができたら素晴らしいなと思って、日本に帰国して再び銀行の仕事に戻ったときパーソナルコンピューターを買いました!!今から四十年前のことです。

橋本　はしりの頃ですから、相当高かったのではないですか?

本間　もうめちゃくちゃ高かったです。自己投資で給料の何カ月分も払いました。そして、このコンピューターを使って、与えられた仕事を処理するための、プログラムを、工夫しながら作ったのです。それで、その経験を皆さんにもわかるように〝入門書〟として書きました。当時の世の中にはパソコンをビジネスでどう使うか、なんて視点で書かれた本はまだありませんでした。便利なエクセルもありませんでした。ただ本を書くというのは自分にとってあくまで一つのステップ。目標は開発問題というか貧しい国をどう発展させるかということでしたので、アジア開発銀行に入行しさまざまな国の開発プロジェクトについて分析する仕事をしました。あの頃最も貧しかったのは西サモア、それからトンガ、インドネシア、バングラディシュ、タイ……。アジア開発銀行の本部があるフィリピンもそうでした。アキノ革命も体験しました。四年間そういった国をサポートして回りました。日本の銀行に復職後、ヨーロッパ全体をみる仕事でロンドンにも滞在しました。家族も一緒でしたから、ロンドンでの子どもの教育もしっかりやりました。

私自身日本の厳しい教育システムの中で苦労しましたが、人生はもっと楽しむべきだろう、そのためには教育の中で選択肢を増やすべき。やはり海外で活躍できる人材になってほしいという気持ちが強くあったので、どんなに苦労をさせてもよいから、子どもたちを現地の学校に通わせ〝勝ち抜け〟と言っていました。当時の駐在日本人のお子さんたちは、日本人学校で学ぶのが一般的でした。現地校となると、やはりいじめも人種差別もある。そういう中で生き抜く力を持ってもらわないと、社会で活躍する力にはつながらないのです。

ワインに魅かれ、ワイナリーを訪ね歴史と文化を学び オーガニックワイン作りをめざす

橋本 世界を仕事で回られて、ワイン作りとどう結び付くのですか?

本間 そういう生活が続いて日本に戻ってきたのが、一九九七年です。ワイン作りに魅かれたのはロンドン勤務中です。一緒に働いていた日本人女性のスイスのお家にブドウ畑があって、自分のワインができていると聞いたのです。すでにそのときワインに関心があったので、ワイ

ナリーを巡り、景観や雰囲気、文化、食との組み合わせなど憧れのようなものがあったのですね。

ワインはもともとお酒からスタートしたのではないんです。ワインがあれだけ広がったのは歴史的背景なのです。ご存知のように、キリスト教とは切り離せないものだし、辿っていくと植物学的、微生物学的には最も簡単にできる保存食なのです。人類にとっての宝物ですよ。ブドウに付いている自然の酵母が発酵しますが、それはアルコール発酵。発酵という形でブドウの糖分をアルコールに変えて、そのアルコールとブドウ果汁の酸が殺菌作用をもたらし長期的な保存が効く。だから冬場、食糧がないときにそれを飲むことにより、養分が供給され健康を保てるという保存食なのです。

もともとワインの発祥の地は、黒海とカスピ海の中間にあるコーカサスです。八千年くらい前からワインを作っていた。そこからどんどんギリシャ、ローマへと広がり、今のようにフランスやイタリアにワインの産地ができたという歴史があるのです。当然、昔は科学的に合成された農薬や肥料などないですから全部オーガニック、まぁ有機栽培ですね。私もコーカサスのワイン発祥の地ジョージアに出向いて勉強させていただく機会があったので、ニセコワイナリーでもブドウ栽培に化学肥料や農薬は使わず、醸造の過程でも酸化防止剤のようなものはギリギリまで抑え込んで、環境への負荷を最小に留め、体の害になるものは少しでも避けようというブドウ作り、ワイン作りを目指しています。

橋本 それにしても、ここは雪が深いし……、よくニセコを選びましたね。

本間 きっかけは家内なんです。

奥様 私の兄がリタイアを機に、ニセコの知り合いから土地を購入することになり「土地が広いので半分買わないか？」という話があったのです。イギリスで暮らした五月とニセコの六月が似ているんです。もう花、花、花……、春の花と夏の花が一緒に咲いて……。ふるさと北海道への郷愁にかられていたときで、土地を見ることもせず〝自分の心の拠点〟にしたいって飛びついたのです。主人も学生時代、スキーが大好きでニセコも大好きで、ニセコの素晴らしさを知っていたんですね。そして二〇〇五年にこの土地と出合い、ちょうど良い傾斜があったのでブドウを植えられると思ったのでしょう（笑）。

そのときは、横浜に住んでいましたので、二人で週末にニセコに通いながら、木を抜いたり、土作りをしたりして、それと並行して二〇〇八年にブドウの苗を植えました。そして二〇〇九年にこの家を建てて住み始めたのです。

橋本 ずいぶんと時間と労力が掛かっているようですが、途中「もうやめよう」とは思わなかったのですか？

本間 それは一切なかったですね。でも、思った以上に大変だなあとは感じました。当時はできるまでの工程というのが具体的にイメージできていなかったのです。夢はワイナリー、ただ情報は何もない、ニセコでのワイン作りは私が初めて。やってみなきゃわからない世界で、考

羊蹄山の麓に広がるブドウ畑

えていたこと、想像していたのと違うということが次々と判明して、本当にいつになったら自分の思い描いていた形になるのだろうと、ず〜っと半信半疑でした。ただ諦めるってことはないです。ダメなら次の方法を探るのが好きなんです。だから、引くという選択肢はなかった。

私は大学が理系、就職が銀行なので、当然経理や経営管理、そしてシステムを作る仕事、これらの経験が全て「プロジェクト管理」という意味で、今のワイナリープロジェクトにそのまま活かされています。良いワインというのは、良いブドウができない限り絶対に作れません。良いブドウを作るということは、何年も掛けて木を育てる、育てるためには土を作るところから始まる、ということを積み重ねていってようやく果実となる。そして、その果実をきちんとしたものに発酵する技術を持たないと腐らせてしまう。そこにはいろいろな要素が必要で、栽培技術、醸造技術、あとは全体のプロジェクトを管理する技術、こういったものが全部揃わないと、個人でこういうことをやることは不可能なのです。

橋本　そんな中、一番の苦労は？

本間　やっぱり自然環境の厳しさですね。ここはブドウ作りに最適な条件ではない。これは人間の力ではどうにもならないのです。栽培可能な品種をさまざまな組み合わせで試して、絞りこんでいくしかありません。これにもう十年掛かっています。一メートルの根雪の圧力が一トンと言われています。つまり、それだけの力が冬の間、この根雪の下にある枝に押し付けられている状態で……。だから、春、雪が解けてみると、約五％の枝が根雪の重さで損傷を受けて

たわわに実ったブドウ

芽を出せないのです。じゃあ枝の長さをどこまで切れば雪の重みに耐えられるのか、それを支える方法は何かないかなどの試行錯誤の連続です。ただ逆に、この根雪のおかげで外気が氷点下二〇度になったとしても、断熱効果がある根雪の下は零度なのです。だからブドウの木は凍死しない。また雪のおかげで雑菌が冬越えできないので、ブドウの木の病気リスクを減らすことができて、有機栽培でブドウが収穫できています。海外どこをみても、これだけの豪雪地帯でブドウを作っている事例はない。だから、自分でやるしかない、言ってみれば〝実験農場〟ですね。

ストーリー性を重視してニセコでのワイン作り

橋本　ニセコは「ワイン特区」だそうですね。

本間　はい、ワイン特区は北海道内では余市に次いで二番目です。醸造免許を取るためには、絞った後の果汁の量が六千リットルが下限で、これ以上ないと醸造所としての免許は出せないという酒税法があります。しかし、特区となると三分の一まで減らして二千リットルでも免許が下りるという緩和策なんです。となると設備なども大きくしないで済みますし、手作業を中心とした道具で組めば、投資額も圧縮できるというのがメリットです。ただ、個々の特区内で作った原料しか使えないという縛りもありますけどね。

橋本　ワイン作りの前例のないニセコに、よく〝特区〟が下りましたね？

本間　いやホント。内閣府や中央官庁が相手なので、役場から申請書を上げてもらわないと。しかし、実績も何もないわけだから、普通は相手にされない。役場は面倒なことはやらない、増やしたくないとお考えになるのが常識なのに。でも、ニセコ町は違うんです。町長をはじめ役場の方が前向きに捉えてすぐ動いてくれました。頑張っている町民がいるのだから、役場がサポートするのが仕事だってね。ニセコのワイン作りを証明するデータが必要となります。岩見沢市の著名なアメリカ人醸造家のブルース・ガットラヴさんにワイン作りの指導を受けながらデータを作成しました。そうしたら役場で素晴らしいストーリーに展開して申請し、なんとわずか二カ月で特区が下りたのです。ニセコでも絶対に素晴らしいワインができるんだ、大きな市場もあるのだと内閣府を説得できたのです。

橋本　先ほどニセコビュープラザに立ち寄ったら、ここのスパークリングワインが一本四千円で、既に売り切れていました。四千円なのに……ですよ。

本間　ああそうですね。本数がまだ少ないんです。去年は六百本強、今年は天候の関係で四百本くらいですからね。あっという間です。需要はものすごくあって追いつきません。値段は、まずスパークリングワインであることの付加価値、次にオーガニックワイン、三点目がニセコというブランド、この三つの要素で、四千円でも安いんです。この一本のワインが、ここに来ていただければ、ここで食事や宿泊もするだろうし、ニセコの美しさに感激してまた来てくれるだろうし、というような経済循環やドラマを生むきっかけになってくれればうれしい。そういう願いでやっています。

冬は厳しいけれど、それも自然の〝めぐみ〟。〝めぐみ〟があって初めて人間は生きていけるわけですから。いわゆる土の持っている「風土」と呼ぶんですが、それが味になった……。それをフランス語では「テロワール」と言うのです。それはまぁ、うがった見方をするとフランスが一番すばらしいワインができる、だから同じ苗木を他の国に持って行って植えてみても、フランスのワインのような高級品はできるわけがないと、見下すときに使う言葉でもあるのです。でも、それは全くのナンセンス。やはりおのおのの土地の味、これは何もフランスのマネをする必要はないので、それをオリジナリティとして受け入れるという楽しみ方が、実は最高のはずなのです。だからおいしい食材がたくさんあるニセコで、その食材を組み合わせる最高のワインと言ったら、輸入ワインじゃないんですよね。ここで作ったブドウ、そして醸造した

ニセコワイナリー初のリリース「ニセコオーガニックスパークリングワイン2016」

ワインと組み合わせたときに、最高の「マリアージュ」と言うのが実現できる。こういうストーリーだと思いますね。

☆☆☆

本間さんのそばでやさしい笑顔で、ご主人の話を聞いていらっしゃる奥様の眞由美さんも、感受性豊かなステキな女性でした。ご主人の生き方に「寄り添う」というよりは、ご自身も、言葉ってどこから生まれてくるのだろうと思い巡らせ「うまれたてのいろ」を始め三冊の絵本を出版されたとか。

女性の視点で想像すると「寄り添う」というよりは、互いが支え合って刺激し合って、ワインのように各々の時間を紡ぎ、醸しているということではないでしょうか。

（二〇一七年二月、三月、四月放送）

［JICAで人生が変わった①］

アフリカの最貧国、ブルキナファソから野球で東京オリンピック出場をめざす

北海道ベースボールアカデミー　主宰
ブルキナファソ東京五輪野球代表チーム　監督
出合祐太《であいゆうた》さん

「野球経験のない海外の子どもたちに、野球の楽しさを教えたい」――。

高校時代の夢を実現しようと、強豪「札幌大学野球部」に入って、指導者の道を目指した出合さん。

しかし、甲子園経験者の部員たちとの力の差を感じ挫折を味わい、大学卒業後は野球と縁を切ってパン屋に就職。

とは言え野球指導者への夢を絶ち切れず、JICA海外協力隊に応募、ついに西アフリカの開発途上国「ブルキナファソ」へ渡った。

そこで、純真な少年たちと出会い野球との格闘が始まった。

夢を持つことの大切さを訴えながら、野球少年を育てた2年間……。

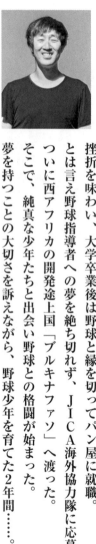

果たしてその成果はあったのか？
帰国して故郷、富良野でパン屋さん「ブーランジェリー・ラフィ」を営む出合さんを訪ねた。

高校時代の気持ちを行動に、ＪＩＣＡへ応募

橋本　パンの香ばしいかおり、はやっているようですね。店内に貼ってあるのは、ブルキナファソのポストカードですか？　ブルキナファソの匂いもしますね。
出合さんは本業がパン屋さんですね。パン屋さんと野球、そしてＪＩＣＡ（独立行政法人国際協力機構）とブルキナファソのつながりを教えていただけますか？

出合　話は長くなりますが、僕は富良野高校に通っていたころから野球をやっていて、当時新聞を開いたら、富良野出身の方が青年海外協力隊で海外に行ったという記事を読み、自分の特技や職業を活用して世界で活躍できるんだと興味がわいたのです。
それで、大学は野球の強い札幌大学に進学し『将来はＪＩＣＡに所属して、海外で野球の指導者になるぞ！』という夢を持って、わくわくしてコーチングの勉強もしました。

橋本　素晴らしい。しっかりしていますね。

出合　でも、当時札幌大学の野球部は強くて、僕の年代は半分ほどが甲子園の出場経験者で、僕の出番はまずありませんでした。厳しい現実を突きつけられて、あぁ自分なんて無理だと思い、もうどうしようもなくなって。それでも、大学卒業のときにＪＩＣＡの試験を受けようとしたのですが、その年はあいにく野球隊員の募集がなかったのです。それで愕然として、一切野球から縁を切って違う世界に進もうと思い「どんぐり」というパン屋さんに就職したのです。

　ところが、ところがですよ。一年くらいパン屋さんで働いた頃、中学校時代の同級生が中学校の教員になっていて、僕に野球部の顧問として手伝ってほしいと言ってきたのです。引き受けてグラウンドに出たら「やっぱり、この世界がいい」と感じました。以前の青年海外協力隊にあこがれた気持ちを思い出しました。ＪＩＣＡのホームページを開いたら、野球隊員を募集していたんです。即受験。そして、十三人中三人が合格し、僕は三番目の補欠合格でした。もしかしたら、連絡が来るかもしれないとドキドキでした。

橋本　そのときは、もうパン屋さんを辞めていたのでしょう。今後の人生がかかってるし、ドキドキですよね。

出合　はい。でも、野球の指導をするようになってわかったのですが、パン作りも、野球チーム作りも同じなんです。例えば、パン作りはどういった発酵をとったら美味しいとか、どれくらいの時間、何度の温度で焼くとか、それぞれ作り方のコツがあります。そして僕の場合は、まず一番にゴールを決めるんです。パンなら、美味しいパンというのはこんな香りや食感がして、材料はこんなものを使って……など、いろいろイメージを浮かべます。これは知識の部分で、さらにこういう工程や成型の仕方があってという技術の考え方を組み合わせて、思った通りのパンを作ります。だから野球も一緒で、まず良い選手は何か？　というところから入って、逆算して答えが出てこないならば、そこは勉強して練習するしかないのです。

橋本　その考えにコーチングをミックスしていくのですから、これは楽しみですね。それで、JICAからの連絡は？

出合　来ましたよ、電話が。「ブルキナファソという国から野球隊員の募集があります」って‼　聞いたこともない国なので「どこにあるのですか？」、「アフリカです。明日までに返事ください」と言われ、もう決めなきゃと思って親に電話して「行くから」と（笑）。

橋本　ご両親はなんて？

出合　母は反対でしたが、父は「行きたいなら行け！」と。それからブルキナファソについて調べました。野球の歴史が浅く、野球連盟ができたのが二〇〇四年で、そのときはまだ四年しか経っていなかった。指導者もいなければ、選手もいない。でも、僕はだからこそ自由にできるなと期待してね。僕は想像するのが好きなもんで、そのときから隊員の期限の二年間でこんなこと、あんなこともして、子どもたちを日本に呼んでとか、何かもういろいろ想像していました。フフフ（笑）、もう妄想ですね。アハハ（笑）。

ブルキナファソの現実と夢に向かう大きな力

橋本　さぁ準備万端。三十数時間かけて着きました。どうでしたか?

出合　いやぁ、想像以上というか……。要請が来るくらいだから、向こうから求められていると思って行ったら、僕のことを求める社会ではなかった。親御さんからすれば、野球するくらいなら家の手伝いや勉強をしなさいという。要するにスポーツをやっていられる場合じゃない国でした。もうどうしようもないから、引きこもっていました。パワーもなえて、交渉する力もないし。ＪＩＣＡにも「こんな、野球をする環境ではないのに、どうして隊員を呼んだんだ」と文句を言ったら「あんた、何かやったのか?」と言うから「巡回指導しています」と答えたら「あぁそれを続ければいいんじゃない」と。だから諦めないで、道路の真ん中でボールをポーンってぶち上げたら、子どもたちが「何か、中国人みたいな変な男が、棒でボールみたいのを上に打ったぞ」と、ワァーッと集まるんです。でも、皆んなすぐいなくなって。そんな中に「僕もやってみたい」という子が一人いて、その子は毎日来るんですよ。一週間くらいしたら十二人ほど誘って連れて来ました。どうやらその子は地域のガキ大将で影響力のある子だったんです。

夢を持ったブルキナファソの子どもたち

橋本　あの〜その子たちの親御さんは許してくれたのですか？

出合　いやいや、僕は呼び出されて怒られました。「金でも払ってくれるのか？　お前なんか、出入り禁止だ」みたいな感じになって。でも、そのころは僕もフランス語を話せたし、交渉力も少しは付いてきていたので、話し合いをして、子どもがやることをやれば野球をしても良いということになり、子どもたちに「親の言うことも当たっている。お前ら、本当に野球がしたいなら、やらなければいけないことをやり続けなさい」と。そうしたら、その子らは早起きして勉強をしたり、家の手伝いをして。こうして三カ月くらい経ったとき、僕から「何か目標を立てよう」と提案して、当時、日本の高校野球で頑張っていた田中将大君や斎藤祐樹君の映像を見せたのです。それで、世界には「プロ野球選手」というプロフェッショナルな世界もあると。スポーツで生活している人もたくさんいると語るわけです。そうしたら、この十二人は全員プロ選手になりたいと言ったんです。

橋本 へえ〜。生きる目標ができたのですね。そしてだんだんと周りの空気も変わってきたのですね。

出合 変わってきましたね。あの子たちが面白いのは、僕に良い宿題をくれるのです。目標はプロ、ではどうしたらプロになれるのか、プロは何が必要かという逆算の質問をしてくれるのです。僕、そんなことを考えたことがないから「一生懸命頑張るしかない」と。すると「一生懸命、頑張るって何だ」と言われ、さらに「どうやったらボールを遠くへ飛ばせるんだ」とか「どうやったら速くボールを投げられるんだ」とか、どんどん聞いてくる。僕も知らないから、アフリカでひたすら勉強しました。情報社会だから出てきたものを整理して、それをフランス語に訳して、長く説明をするだけでは身につかないから、まず結論を言って「今日はこうなりますので、そのために、こういう練習があるので、一つずつやっていきましょう」と。すると、階段形式でやるので、少しずつレールに乗って、次もチャレンジしようとする。そうしたら出来るのです。その中で僕自身の心の変化もあって、出来ないと思わなくなった。彼らの様子を見ていて「あっ、この難しいことは、こうやったら出来るようになるんだ」と思えるようになるのです。例えば「課題はこういう課題です。こういう理由があるから、これはできないんです」という問題点の中に答えがある。「百万円が必要です。この百万円を用意するには

グローブやバットをもち笑顔の子どもたち

どうすれば良いのですか?」と考えたとき、僕らがお金を生む活動として、こんなことが出来るという、出来ることとニーズを合わせたら、その答えが出てくる。もう単純です。出来ない理由を全部出してくれたら、それをひっくり返せば、出来るようになるのです。

橋本　そして子どもたちの眼の輝きも変わってきましたね。

出合　はい‼　そこから一年くらいで本当にガラッといろいろなことが出来るようになっていった。最初、野球の環境がほとんどなかったので、まずグラウンドというのはこういうものだと。バットやグローブはこういうものだ。どうやったら作れるかと。それで作るんです。木を加工出来る人を探せば良いのですが、その人にバットのイメージはない。だから木を扱える人を探す。家具屋さんにバットを見せて説明したら、それっぽいものが出来たのです。「いやーすごい‼　すごい！　あなたはアフリカで最初にバットを作った人だ。素晴らしい‼　これは歴史的です」みたいな話しをして、「僕らはこんなことが出来たらもっとうれしいので……」と言って、長さや重さやバランスなどを表現して、少しずつ完成形に近づけてもらったんです。グローブもブルキナファソは皮の聖地なので、見本となるグローブを見せて、少しずつ近いものになりました。日本でこんなことをやったら社会問題かもしれませんが、ブルキナファソは未成熟だからか、誰も僕らを否定しませんでした。面白かった。

子どもたちが守った二年分の宿題

橋本　でも、青年海外協力隊員も二年という期限がありますよね？

出合　はい。しかもそのころ、既に目標のプロに向かって、十二年計画を立てていました。当時九歳、十歳の子どもたちだったので、二十歳で何人かプロ選手が出ればいいと思っていました。僕は二〇一〇年に帰ってきたんですけれど「二〇一二年に戻ってくるから二年間で君たちがやらなきゃいけないことは、こういうことだ」と言って、宿題を二年分出して来たんです。

そして「本当に君らが僕の考えを信じてくれるなら、僕は必ず戻って来てチャレンジするから。この二年で宿題が出来れば、君たちの人生は変わるよ。僕はその間、君たちが日本に来たときにプロの世界に挑戦するための受け入れ先を探すからね」と言って帰って来ました。そして二年後、ブルキナファソに戻ったとき、この子らは宿題をちゃんとやっていたんですよ。

橋本 エーッ!! お目付け役がいないのに、よくやりましたね。やっているか、やっていないか、どのように確認したのですか？ 出合さんは二年間の自分の変わらぬ思いを、離れてるのにどうやって伝え続けたのですか？

出合 ワンコ(笑)、ワンコールです。国際電話なので通話すると料金が高くなる。それで、ワンコールして「気に掛けているぞ」みたいな、フフフ（笑)、逆に向こうからワンコールあったら何か生じたときなので、すぐに折り返しの電話をしました。今はショートメールが届くので問題はありませんけれどね。

橋本 すごーい。話が美しい!! フフフッ(笑)、話はまだまだ続くんですよね。

出合 それで二〇一二年から二〇一三年にかけて、四十三人いた中から一人選抜して日本に呼びました。富良野の家で一カ月くらいホームステイをして、練習をしたり日本の文化になじんでもらって、その一カ月後、高知県の独立リーグ「高知ファイティングドッグス」に入団しました。彼は二〇一五年の八月末に支配下登録に上がりました。今年は主軸で、ずっとリーグ戦で頑張っています。

橋本　彼の活躍する様子をブルキナファソで知った後輩たちは興奮しますね。

出合　今も毎年行っていますが、野球率は高いですよ。今、新潟県でも活躍している子がいるので、なんと二人になりました。次の三人目の子は和歌山県に行く予定です。

自分で考えることが、最も大切！

橋本　出合さんのお話しを聞いていて、人と一生懸命にかかわることは、自分を育てることなんだと思います。出合さんはＪＩＣＡの活動を通し、ボランティアをどのように思い、そしてどんなことを大切にされてきたのですか？

出合　三パターンあると思います。一つは、志を持って現地の目線に立って課題を解決しその国に寄与する人。もう一つは、とりあえずタダで海外に行けるので行ったけど、何をしたら良いのかわからないので、ただ時間をつぶして何かいいことないのかなあと自分で考える時間を得ようとする人。そして三つ目が、これはこういうものだと貫こうとする人。僕はよく「出合さん、すごいですね。手を掛けて頑張りましたね」と言われるんです。けれど、僕はむしろ非常に非道な……(笑)。だって、この子らは自立しなきゃいけない。僕はいなくなる。この子たちに興味を持つブルキナファソの人たちなんかいないし、結局この子たちの野球はここだけな

夢に挑戦するブルキナファソの子どもたち

んです。この子たちが発展するということは、この子たち自身に発展するパワー、情熱がないといけない。だから、僕はあまり良い指導者ではなかったと思う。ただもう「やれ！結果出せ」と、突き通す感じですよね。二年経ったときには結論だけ言いました。例えば、例えばですよ「一日で五千円稼いで来なさい」で終わり。方法は自分で考えさせる、自分の持っている知識や何かしらの方法で交渉しろと。

橋本　その子たちには考える訓練ができているのですね。それが、ボランティアの一つのかたち？

出合　そうです。究極はそこだと僕は思っています。

☆☆☆

取材にお邪魔した日、出合さんは富良野のグラウンドで地元の小学生に野球を指導していました。でも、よく練習場から響いてくる、指導者の子どもたちを叱る声が聞こえてこないのです。なぜか……。

出合さんいわく――「例えば、ボールの捕り方にはいろいろな方法がある。こうしても、ああしてもいい。ただ、その都度そう捕る理由がある。その理由を大切にする。すると、子どもたちも納得する。そして、まず本人たちが自分から野球を欲するようになると。僕はこうして探求していく人生が一番面白いと思っています」

フムフム……、では、続いて第二部も読んでくださいね。

（二〇一六年十月、十一月、十二月放送）

［ＪＩＣＡで人生が変わった②］

アフリカの最貧国、ブルキナファソから野球で東京オリンピック出場をめざす

北海道ベースボールアカデミー　主宰
ブルキナファソ東京五輪野球代表チーム　監督
出合祐太さん

パートＩにあるように出合さんは二〇〇八年から二〇一〇年までの二年間、国際協力機構（ＪＩＣＡ）の青年海外協力隊員として、西アフリカの世界最貧国といわれる「ブルキナファソ」で野球の指導をしていた。

また、二〇一七年からプロ野球の選手育成を目指す一般社団法人「北海道ベースボールアカデミー」を主宰、現在も塾生たちがプロを目指し練習に励んでいる。

同国から帰国した後は「ブルキナファソ野球を応援する会」を設立し、この活動でブルキナファソの選手二人が日本の独立リーグに入団。

そして、二〇一八年ついにブルキナファソ政府から二〇二〇年の東京オリンピックに向けて、同国野球代表チームの監督に任命された。

働きながらプロ野球選手を目指す若者を育成指導

橋本　青年海外協力隊でブルキナファソから帰ってきたら「あー、終わった。ちょっと休もう」と思わなかったのですか？　帰国されてからも、さまざまな活動を展開していますね。

出合　休もうとは思わなかったですね。どうしてでしょうか。やっぱり、楽しいことが先に見えてしまうからでしょう。例えば、それを立ち上げて活動している自分を想像して、その描いた未来が「こんなふうになるな」と見えたらやっちゃいますね。そこの苦労は気にしない。この苦労が仮に百も二百もあったとしても、未来の明るいものの方が魅力的だったらやっちゃいます。

橋本　では、活動を一つずつ伺っていきましょう。まず「北海道ベースボールアカデミー」から。

出合　何故それを作ったか……。これもブルキナファソの活動がきっかけになっています。関わったブルキナファソの子どもたちは野球を通して成長していくのですが、次のプロセスがなかったので野球を続ける可能性を日本で作ろうと、いろいろな活動を始めました。そんな中ですごく感じたのが、日本の子どもたちも同じでさまざまな背景があって可能性を引き出される前に諦めたり、次の道へ進まなかったりがあるんです。そこで、僕たちが新しいチャンスをつくってやれないかと考え、個人の可能性を引き出して次のステージに送り出すためにアカデミーをつくりました。去年からスタートしています。

今は十六歳から二十六歳まで十六名がいます。国籍は問わない仕組みですが、今年は国内勢が多様で、沖縄、広島、茨城、横浜、石川と本州の子が多いですね。後は道内の子と、もちろんブルキナファソからも入団しています。

橋本 生活はどうなっているのですか？

出合 基本的に高校を卒業した子たちで、日中は仕事をしています。今日ももう働きに行っています。富良野ですから人出不足の農業や観光業で働き、午後四時ころから仕事が早く終わった順に集まって練習しています。山部《やまべ》地区の空き家を一軒借りて十六人で一つ屋根の下で生活しています。

一応、シーズンは四月から十一月ということにしています。今来ている子たちの目的がプロテスト合格です。テストは十一月に行われるんです。皆んな真剣ですよ。

橋本 プロテストの成績はどうですか？

出合 去年は四人合格して、本州のＢＣリーグとアイランドリーグの球団に送りました。

橋本 ここの指導の特徴はどのようなことですか？

出合 アカデミーが提案していることは、子どもたちに伝えるのと同じで、どうやって自分が

すっかり成長したブルキナファソの野球選手たち

なりたいものになるかという考えです。つまり技術も含めて、どういうふうに自分を組み立てていくのかという発想の勉強が多い。練習は皆んなどこでもやっている。ただ「やれ」と言われても、実際に何を修得して、どう技術を高めていけばいいのかよくわからないことが多いんです。自分の中で目指すプレーヤー像を決め、そのための仕組みを作っていくことが大事ですね。

独自のトレーニング方法で本質の理解を

橋本　失礼なことを伺いますが、出合さんはプロ野球の選手でもなかった。大学の野球部出身というだけですよね。それで、その仕組みがわかりますか？　見えますか？

出合　はい見えます。面白いですよ。ただ今の時代、基本的に皆さんに共通しているのは、言葉は理解できるけれど、本質が理解できないという事です。現在は、いろいろな情報があふれていて、野球の情報も探せば探すほどあるし知識もたくさんあります。でもそれを自分の中に取り入れ、自分のものにできるかというと必ずしもそうではない。その子に必要なものと足りないものの中に、これとこれをピックアップしてトレーニングする。そして自分の技術として修得するために練習を続けるとしたら、その後、自分はどうなっているのかという想像力も必要になります。これをやったら、こうなるという仮説を立てる、それがないと「とりあえずやりました。でも、自分が思い描いているものになりませんでした」となって、行ったり来たりになるのです。

橋本　行ったり来たり？

出合　そう、行ったり来たり。だから、言うことだけを聞いて、できるようになったけれど成長しない。

橋本　うーん。時代が変わっても教育の本当のところは、変わらないのかもしれませんが、出合さんの〝人生を導く〟の根っこにある心持ちは何でしょうか？

出合　信じることだと思います。良くも悪くも裏切られることはたくさんあります。自分の思っていたようにならなかったり、思っていたように動いていただけなかったり、そういうことはある。「こうならないようにして」と、こっちが思いを口に出すということは、信用していないことです。信用していないから「そうならないように注意してください」とか「気をつけてください」と言う。これを口にすればするほど信頼は結べない。日本の教育は、どちらかというと横並び傾向が強く一つの型にはめ込む方向にあると思います。

アフリカはそれが全くないんです。他人と同じように生きていても生きていられないから、「信じてるから」と任せる。そして、僕も僕でやることは全力でやるからと伝えます。それで仮に結果が出なかったとしても、別にそれを責める必要もない。結果だけを望むのであれば、正直言ってこの人は必要じゃないですよね。でも、自分が今必要としているのは、この人の成長や信頼、これが欲しい。だから、絶対に疑ってはだめです。疑ったら相手に見破られてしまう。まぁ契約書みたいなのを作った方が、僕にとってはリスクが減るから良いのかもしれないけれど、赤の他人でビジネスの話なら必要ですが、本気で彼らと一緒に何かをしたいのなら違う。そういうものではない。そういうものではなくて、行動で示しましょうと。

橋本　そういう心持ちがあるから、言語も文化も異なるブルキナファソの子どもたちと絆が結べたのですね。練習しているか確認するために、お互いに電話料金がかからないように〝ワン切り〟で連絡を取り合いワンコールで「自分は忘れていないよ。いつも気にかけているよ」と、言葉以上のことを伝えていましたネ。

ブルキナファソの子どもたちに野球を教えていたおよそ十年前、ちょっともやもやしていたあの頃の自分に、今の出合さんが声を掛けてあげるとしたら何と？

出合　うーん、いろいろ思いますが、良くも悪くも「頑張りなさい」と「もう少し勉強しなさい」の二つかな。

橋本　何の勉強ですか？

出合　いろいろです。交渉とか、コミュニケーション能力を上げるとか、後は言葉遣いとか。あのときは、気持ちだけは強かったですから

五輪出場をきっかけに、スポーツの力で社会変革へ

橋本　二〇二〇年のオリンピック候補選手は、出合さんが直接野球を教えた子たちになりますか？

出合　そう、あの子たちがほぼメインです。予選もありますが、ぜひ呼びたいですね。今、作戦を考えています。アフリカで一番強いのが、アフリカで一番の先進国「南アフリカ共和国」のチームです。そこをどうしようかと。まともにやったら負けるので、まともにやらないでやります（笑）。

橋本　どういうことですか？

出合　野球というスポーツは不思議なスポーツです。たとえ強い者がいたとしても、弱い者で

も勝つことができる。集団スポーツですが、一対一の場面があったり、逆に集団プレーで点を取ったりとか、戦術的な部分も強いし、また個人の能力も必要だし……。

ブルキナファソにいた当時は、子どもたちの個人の能力を上げようにも限界があったので、集団の能力を向上させて勝つという、日本式の「スモールベースボール方式」だったのです。その方法と、今まで十年掛けてつくってきた個人の能力をうまく合わせればいけるかな、と思っていますが……。

二〇一九年七月から予選が始まります。一月から一週間ほど、八カ国くらいが出場して、西アフリカで予選があり、そこの一位と二位が予選を通過して、八月の大陸予選に出場できます。現状では南アフリカに負けてしまうので、これから向こうへ行って、勝つプランを提案してきます。

橋本　出合さんが行ったころは道具もなく、ボール、グローブなども手作りでしたね。それが十年でこんなに期待されるスポーツになりました。ブルキナファソはアフリカでも貧しい国の一つと聞いています。道具、練習設備、練習のための遠征費用など、いろいろお金も掛かると思いますが、その辺りはどうなるのですか？

出合　あの、お金の部分はたぶん何も出ないと思います。クラウドファンディングなどを活用して、僕らで捻出するしかないのです。それからアフリカ支援に関心のある企業さんや、アフリカ進出を目指している企業さんにお声を掛けさせていただくこともすでに行っています。僕はやはり先を考えてしまうので。僕の中ではとりあえず、西アフリカ予選は突破して、そうしたらたぶん盛り上がります。そこでは、何も得られないかもしれませんが、アフリカ大陸で勝っちゃったりするんじゃないですか、いや勝つんです、僕の中では。それで勝ったら、世の中の僕らへの評価が変わります。そうするとスポンサーも得やすいでしょうし、依頼しやすいかなぁと。そして、いろいろな意味で間口が広がる。僕のゴールはブルキナファソじゃなくても良いのです。西アフリカでリーグをつくりたいと思っています。そもそも現在アフリカではまだ野球が根付いていないし、興味も薄い。そこで、どう興味を持ってもらうか。BBCなどの海外メディアに取り上げてもらうような面白い展開ができれば、光が差すかなと思っています。オリンピックは、そんなきっかけとしてわかりやすいのです。そのためには、五輪でアフリカ予選を突破するというのが命題です。

橋本　ものすごいドラマが頭の中でできているのですね。

出合　そうですね。それはもうこの十年間、いろいろと自分も勉強させていただいた部分かなと思います。この十年は基本的に誰かに助けていただいて活動が成り立っています。人は助けというのがなければ生きていけませんが、一方、どこかで自立することが必要です。自立をするために、どのような方法があるのか、この十年ずっと考えてきました。例えば、ブルキナファソで事業を起こすとか。この十年で「この子たちはキーパーソンだ」「最後のライフパートナーになる子」というのが何人か出てきて、日本とブルキナファソの間にこういう事業が

ブルキナファソの国旗を中心にメンバー集合

あったらいいというアイデアも生まれているので、オリンピックが終わったら、法人を二つ立ち上げて、自分たちでお金を生む活動をします。ベースボールリーグもつくりたいですし。

スポーツの力を僕はすごく大事にしています。僕が考えるベースボールリーグは、プロではないのですがプロのような仕組みを考えています。野球を何のためにやるのか、誰のためにやるかと言えば、人を楽しませるとか、人のためにスポーツをするという気持ちが大事。僕はこれがアフリカでできたらいいと思っています。来てくれたお客さん、関わっている方々が「野球があって良かった」と喜んで、楽しいなと思い、その人たちに感動や勇気を与えることができたらアフリカの社会や環境も変えられるだろうなと思って、死ぬまでやりたいですね。

☆☆☆

出合さんにとって、スポーツの力を教えてくれたのは、北海道日本ハムファイターズだといいます。ファイターズが見せるエンターテインメント、つまり、人を喜ばせるものは、野球があるからこそ。裏方のスタッフの皆さんのご尽力を見ていて、アフリカでの今後の自分の活動にもリンクするものがあるので活用したいと願っているそうです。

今、ブルキナファソの五輪チームの選手たちは北海道で練習したり、出合さんがブルキナファソに行ったりして、予選突破を目指してのプランが実行されているはずです。

延期が決まった東京オリパラ。あらたな状況の中でブルキナファソチームは、ますます練習に燃えることでしょう。

（二〇一八年九月放送）

〝思いやりは想像力〟で地球の水環境をととのえる

株式会社 シティック
代表取締役 行方将泰《なみかたまさひろ》さん

日高振興局管内の新ひだか町を流れる静内川。
この自然豊かな川を守ることが自分の使命だと気付き、
父親の経営する会社を継ぐ決意を固めた。
下水汚泥と牛糞を混ぜて発酵させた水質浄化剤を研究開発し、さまざまな特許を取得した。
合気道やアルバイトで培った人間への洞察力を活かし、
ビジネスの世界でもタフネゴシエーターぶりを発揮している。

静内川を守ることが使命だと目覚める

行方　社名の「シティック」は、City improvement Technology Interface Corporationの頭文字で、技術をつないで都市を改善する会社という意味です。町内だけではなく、国内の水環境の保全に貢献しようと技術の向上に努めてきました。

我が社は、昭和二十八年「静内清掃社」として創業し、前社長だった父が四年前に亡くなり僕が会社を継ぎ、今年十月に「株式会社シティック」に社名変更しました。この六十年間、廃棄物に関する法律は大きく変わっています。まず昭和四十五年に廃棄物処理法が制定され、以来毎年のように変わってきました。今はリサイクル法になり、どんどん細分化されています。また昭和五十八年に浄化槽法が改定され、昭和六十二年から国が補助制度をつくって合併処理浄化槽の普及を進めています。この合併処理浄化槽はいわゆる「個人下水道」です。一戸一戸が浄化して側溝にきれいになった水を流す仕組みで、この補助制度がスタートした辺りから、また大きく変わり始めてきました。

橋本　環境問題が社会で大きなテーマとなったころからですね。行方さんはもともとお父さまの後を継ごうと考えていらっしゃったんですか?

行方　いいえ。初めは片手間で手伝おうと思っていました。ただ、自分は何のために生まれてきたのか、悩んでいた時期がありました。そんなときある講演を聴いて、自分の町にある川を守る、サケが遡上《そじょう》するこの静内川を守ることが僕の仕事なのだと気付き、はっきりとこの仕事をすることを決めたのです。

橋本　なぜ気持ちがそこに触れたのですか？

行方　川を守ることは漁師の方々を守ることで、漁師を守るということは産業を含めて町を守ることだと自分で理解したのです。

橋本　会社の歩みを拝見しますと「シーディング剤」という文字が随所に出てきて、特許も取得されていますね。この「シーディング剤」とは何ですか？

行方　「シーディング剤」というのは、汚泥と牛糞《ふん》を混ぜて発酵させたもので、汚水を浄化する力を持っています。

橋本　えっ？　汚泥と牛糞を混ぜたものが、水をきれいにするのですか？

行方　はい。まず水質が安定します。そして汚泥の量が減ります。ですから電気代をはじめ、いろいろな費用が削減されます。

これを作るとき、さまざまな文献を調べましたが見つかりませんでした。だから全部自分たちで考えて研究をしました。なぜ牛糞を使ったのかといいますと、家畜糞尿処理のコストです。日高地方といえば、牛ではなく馬と思うかもしれませんね。あらゆる糞を使って実験をしました。それでたどり着いたのが、牛糞と下水道の汚泥だったのです。
浄化槽内の水温が高いと微生物は活動しやすくなります。水温が低くなると微生物は活動しにくくなりますが、このシーディング剤は他の物に比べ低温でも活発に活動します。北海道で「シーディング剤」を製造している最大のメリットはそこなのです。
この製品は現在、特許を四つ取得していて、ほかにも申請中のものがあります。

他者との交渉ごとは詰め将棋のイメージをもって取り組む

橋本　いろいろと研究をまとめても、役所に申請するときが大変ではないですか？

行方　役所も民間企業もお互いに地域を良くしたいという思いは一緒なのですが、やはりなかなか難しいですね。特に国の場合は、各省庁の建物自体が離れているので時間が掛かったりうまくいかない場合が多いですが、町役場や市役所は一つの建物の中に皆んなそろっていますので割りと融通が利きます。また、担当者によっても変わってきます。「俺が責任を取る」というタイプの方の場合は比較的にスムーズに進みますが、そうではない人は時間が掛かります（笑）。

橋本　交渉に当たっては、百戦錬磨《ひゃくせんれんま》とお見受けしましたが……。

行方　もう我慢と辛抱と忍耐ですよ！　まず「やりたい」ことがあったら希望をもち、それを実現するために実行に移し、最後まであきらめず行動します。

　僕は詰め将棋をイメージして「これは何手で詰められるのか？」と考えるわけです。ただ将棋と違って、相手がその部署からいなくなったりして差し手が変わったりすることもありますが、「やる！」と決めたら詰め将棋のようにいろいろな手を想定してやり切るまでやります。

橋本　昔からそういう性格だったのですか？

行方　学生時代に合気道を習うため、何年も毎日道場に通いました。ほぼ内弟子状態で毎日先生の道着を洗濯して袴にアイロン掛けをして、稽古では三時間くらいずっと投げ飛ばされるメニューです。今思えばそれがあったから何でも頑張れるようになったのかもしれません。

橋本　よく、そんな投げ飛ばされてばかりの練習についていきましたね。

行方　楽しかったのです。苦しいですが、楽しかった。

　稽古をしているとき先生から「相手に手を握られた瞬間に相手の気持ちをわかれ！」と言われました。初めは「わかるはずなんかない」と思いました。同じころ、近所のゴルフ練習場で打ちっ放しのお手伝いをしていました。そこでお客さんにボールを差し出すのですが、そのときに、このお客さんは僕に「ありがとう」と言うのか、それとも「余計なことをするな」と怒るか。「この人はどっちだ」と自分であらかじめ決めます。そして「怒るだろうな」と思って怒られると、普通ならシュンとなりますが僕はうれしいんです。僕の思った通りの人だったと。また、打ち終わったクラブを雑巾で拭くときも同じことをするのです。一年ぐらいやっていたのかなぁ。そうしたら、お客さんが来たらだいたい三十秒もあればその人がどういう人かわかるようになったのです。

橋本　えっ～。では私とも三十秒以上話していますので、全部見破られているということですね。

行方　だいたいわかります（笑）。でもここで話すのは控えましょう（笑）。

僕は、意識的にそういう感情をコントロールしています。何というのでしょうか、「ガーン！」とやられたら、さらにもっと自分が落ちるように仕向けるのです。落ちる所まで落としたらはい上がるしかない。その過程の時間を短縮させるのです。

自分で勝手にどん底へ落として早く回復する……、そして、はい上がる。中途半端は駄目なのでもう徹底的にやります。そういう風に自分でコントロールする。

橋本　もっと自分が落ちるように仕向けるというのは、どのようにして落とすのですか？

行方　意識的に「これくらい言われたけれど、本当はもっと言われたはずだ」と、自分で自分をどんどん追い詰めるのです。やりたいというのはありますよ。さっきも言いましたが、やりたいというのは「思い」です。希望や思いがあって実行に変わります。そのときに、僕は詰め将棋をイメージして何手も何手も考えるのです。こういう風にやれば、うまくいく。やり方が悪いから問題が起きるのであって、それは詰め将棋をきちんとやっていなかったからうまくいかなかったのだと思うのです。きちんと頭の中で何回もシミュレーションして「これで詰める！」という状態をつくって行動すれば叩《たた》かれることはないと思うのです。だから僕はあきらめません。やり切るまでやります。

橋本 その繰り返しなのですね、強いですね。

行方 足を止めるわけにはいかない。現状維持というのは縮小ですから、現状維持もダメ。前へ進むしかない。階段を一段、二段、跳んでいくとうまくいかないのです。時間がかかっても、一段ずつ上っていかないとうまくいきません。

橋本 はい……。でも二段跳びも、ハプニングに出会えて楽しいと思いますが……。

行方 アハハ（笑）。でも、ハプニングがあると、元に戻るのに時間が何倍も掛かります。遠回りに見えるけれど、着実に取り組むことが結果的に最も早いのです。

詰め将棋も一度に二手指せるわけではないですから。一手ずつ……。一手打って、相手が一手打つわけですから、やはり二段跳びは無理なのです。

将棋はだいたい百手から百五十手ぐらいで決まりますが、棋士のトップクラスの人は最高で四百手ほど読むといわれています。やろうとすること（目標）を決める場合、私がやろうとしていることは誰もやっていないことばかりです。自分で調べることしかありません。つまり「出来る」と思えるまで、あらゆる手を考えることになります。たどり着くまでに手数が多いと読み切るのに大変で難しいかなと思うことになります。でも難しいほうが楽しいし、なるべく高い所に目標を置いた方が楽しい。だから目標は高いのです。

「思いやりは想像力」の実践が経営理念に

橋本　となりますと周りの人、例えば部下とのやり取りは、どのようなことに気を付けているのですか？

行方　僕は質問にこだわっています。質問をするときに「どうしたら良いですか？」というのは質問にならないのです。「私はこう思うけれど、どうですか？」というのが質問なのです。自分はどう思うのか言ってくれないと、相手がどこまでわかっているか見えないので答えは出せません。今あなたが言った話は、ここまでは正しかったけれど、ここからは考え方が違いますというような説明の仕方にしています。僕が会社で大切にしているのは「思いやりは想像力」という言葉と気持ちです。瀬戸内寂聴さんが使った言葉のようですが、テレビで知ってドキッとしました。どういうことかと言うと、思いやる気持ちの前に気付きが必要だが、日常忙しいとなかなか気付けない。しかし、反対に日ごろから忙しく、いろいろなことを考えている人じゃないと、気付きやひらめきは生まれない。気付きがあって、思いやりの心が生まれて、この思いやりは自分がしてあげたいことではなくて、相手が求めていることそれを想像するのです。想像して、相手がしてほしいことを考えて行動するのです。これがまさに「相手に手を握られた瞬間に相手の気持ちをわかれ！」だと思うのです。それが実践できれば、さまざまなことが出来てわかるはずです。考えない人は考えないわけではなくて、自分のことしか考えていないのです。ウチの会社には企業理念というものはありません。そのような理念がなくても「思いやりは想像力」と書いた紙（＝企業理念）を貼って実践しているのです。

バイオダイナミック農法でブドウ作りに挑む

橋本　また何か新しいことを始めていらっしゃるそうですね。

行方　農業です。昨年、新冠町に土地を購入しました。そこでワイン用のブドウを作っています。ところが、周りの人たちから「ここは無理。ここでは出来ません」という話ばかり……。「霧が出るので日当たりが悪いからダメです」「雪が少ないので、冬は耐えられません」「草しか生えません」「木も生えない」など、そういう話ばかり聞かされますが、私はチャレンジャーなので逆に「やらねば」と燃えています。皆さんは土の上の話ばかりしますが、僕は土の中を変えれば上の方も何とかなるだろうと思ってブドウ作りをスタートしました。「バイオダイナミック農法」というのがあります。それに「陰・陽」を取り入れています。

バイオダイナミック農法で土づくりをするブドウ畑

要するに近代農法ではなくて、昔の古い感覚的な農家のやり方を取り入れながらやっています。

橋本　バイオダイナミック農法に感覚的な農家のやり方？　何でしょう、もう少し詳しくおしえてください。

行方　バイオダイナミック農法というのは、月の満ち欠けを応用した農業です。僕も習いに行って驚きました。まず牛の新鮮なウンチを容器に入れます。分量は、タライぐらいの大きさの容器に二つか三つ分ほどです。それをコンパネ二枚ほどのテーブルに乗せて広げます。それに石や卵の殻を擦ったものを混ぜて、一時間ぐらいスコップでグルグルと右回り左回りと練ります。それを空洞化したメス牛の角に入れ、土中に埋めて発酵させるのです。そして半年ぐらいたったら取り出して、今度は水の入ったバケツの中に入れてグルグルと二十分間ほどかき回して肥料をつくるのです。そしてようやく散布機でまくのです。

橋本　何やら黒魔術みたいですね。誰が考えたのですか？

行方　シュタイナーが今から百五十年ぐらい前に考えたようです。

橋本　エッ？　シュタイナーって。哲学者のあのルドルフ・シュタイナーですか？

行方　そうです。彼は霊的なものも持っていてその方面の著書も多いようですが、読んでも何か理解し難いですね。

　僕も最初は普通の農法を考えていたのですが、青森の木村秋則さんが書いた「奇跡のリンゴ」という本を読んでいたら、シュタイナーにつながったのです。でも、さっぱり訳がわからなかったので実際にやっている人の所へ行って教えてもらいました。

　月の満ち欠けを応用したというのは、例えば土の中の成分が満潮、干潮で上下しているという考え方です。僕もそういうことはあるのだろうと信じて、取り入れています。

　これらの土が出来上がるまで六年ぐらいはかかるでしょう。

橋本　なかなか今の時代に理解し難いことを実践するとは、面白いですね。行方さんがおっしゃると、本当に立派な土が出来そうで、今後が楽しみです。

☆☆☆

初めて行方さんにお目に掛かったのは、平成二十五年に行われた株式会社シティックの創業六十周年記念パーティーでした。私は偶然司会者として会場にいましたが、行方さんが挨拶で話す内容を聞いて、私たちの生活に欠かせない水環境はどうなっているのだろうか、この人はおもしろそうな人だとと興味が沸いてきました。

地球は水の惑星、そして水は命の源《みなもと》。もっと水に関心を寄せ、大切にせねばと思うと同時に、インタビューを通して、行方さんご自身の内面の話を聞き、足が地についた方が水環境の「番人」でいてくれることに安心しました。〝思いやりは想像力〟―、自身の行動の主語が相手の気持ちになったとき、人の本当の強さや優しさが試され、地球環境を語れるのではなかろうかと思いました。

（二〇一四年二月、三月放送）

刑務所から出所した方々の人生出直しの場になってほしい……

建築土木会社
会長及び社長　Sさん

Sさんは、祖父、父に続く「やくざ」の三代目として道東に生まれた。
あることがきっかけで足を洗い、現在、主に薬物などで刑務所から出所し、居場所のない人たちへ働く場所を提供し、更生を支援している。
なお、実名を出すと不都合が生じる場合もあることから、名前をS氏としてラジオに出演。

祖父・親父、そして自分もやくざ稼業このままでは我が子も……

橋本　Sさんのお仕事と、支援されている内容について教えてください。

S　建築土木の会社を二社経営しています。ビルを建てる基礎を掘ったりする仕事です。建築の方は、うちはトビ職が主流なので、足場を組んでいきビルを建ち上げていくという仕事です。一社で社長、もう一社が会長職で六十名くらいの働き手がいます。

背中や腕に入れ墨が入っている、指もない、どこに行っても使ってもらえない人たちが知り合いの紹介で頼ってくる。そこで「クスリをやらない、悪い事をしない約束ができるのか」と確認して働いてもらっています。

今回は、そんな境遇にある人たちが本当に困ったら自分という存在がいることを知ってほしい、救ってくれる人はいる、人は立ち直ることができることを知ってもらいたくて、思い切ってラジオに出てきました。

橋本　Sさん自身も相当辛い経験をしたと聞きましたが……

S　ハイ。私の祖父がヤクザ、父もヤクザで私も好むと好まざるとも、もう中学の頃から父のテキヤの仕事を手伝わされて、学校にほとんど行かず、お祭りで物を売って歩くような暮らしをしていました。

そのような状況で十二～十三歳で覚醒剤を覚えてクスリ漬けの世界で生きることになりました。父も平気で私にクスリを渡すようなそんな暮らしでしたが、実は私は父に対してずーっと恨みを持って生きていたんです。なりたくてなったヤクザじゃない。親が無理矢理入れた、と。

そうこうしているうちに、私もそこそこの地位につき、子分も何十人かできた時、待望の子どもが生まれることがわかりました。本当にうれしかった。なのに産まれる寸前につまらないことで逮捕されて、一年二カ月ほど刑務所のお世話になるんですネ。

独房の中で、私は自問自答しました。なんで、子どもが産まれるという今、捕まってしまったのか。まあこんな世界で生きていれば、いつ捕まってもおかしくない。そんな中で、子どもが産まれてくる。私がこのままヤクザを続けていく……。

祖父も父もそして私もヤクザになった。そして、これから産まれてくる子どもまでも同じ道を歩むのかと考えた時に、これはやっぱり立ち直るチャンスを子どもが与えてくれたのではないか、カタギになろうと思ったら今度は、そうか、親父がいたから俺が生まれてきている、俺がいたから子どもが出来る、親父がいてくれたおかげで俺の子が出来るんじゃないか……とひとりきりでいろいろと考えるんですネ。

そんな中で、今まで親父に対して抱いていた憎しみのようなかたまりが、なんかガラガラ～と崩れていくような気がして……。

結局、ヤクザの入り口はそうだったのかも知れないけど、大人になってからは自分の判断でヤクザやってる訳ですから、親父を恨むこと自体が間違っているんじゃないか。なんらヤクザを続ける意味もないし、父の影響下にもないし、子どもも生まれるし、よし出たらカタギになろう、今しかないと自分なりの決心をした訳です。

社員一人ひとりに理解してもらうため、ミーティングは欠かせない場

自分なりの価値観を持ち自らの人生に再挑戦

橋本　刑務所にいた一年二カ月、することも限られていますし、モンモンとアレコレ考えたのでしょうネ。

S　ハイ、おかげさまで自分なりの決心が持てました。産まれる子どもをヤクザにする訳にはいかない。何が何でもたたかい抜いてカタギになるゾ、という思いで出所して、すぐ出直すため「カタギになる。組を解散する」と宣言し実行しました。

しかしまあ、出所してすぐにはカタギにはなれませんよ。責任、地位、生活といろいろな問題があります。詳しくは言えませんがね。

生活は中古車の仕事をしていた時に、ある日建築土木の仕事をしないかという話がきて、今の仕事をはじめました。それがうまくいって五人増え、二十人増えてという中で建築土木の許可もとれて、この世界で食っていけるようになったんです。

そんな時、当時のヤクザの知り合いなどが、「どこに行っても使ってもらえない」と頼ってくるのです。

うちに来る人間なんてのは何もかも失くしてしまった後ですよネ。親、兄弟、親戚も、連絡しても「もうあんたなんか相手にしない」って。住む所もなくてうちに来ると寮に入って、寮のおばちゃんに食事を作ってもらって、仕事に行っての日々の繰り返しの中で、何かの価値観を持ってもらうってのが大事だな。

橋本　価値観ですか？

S　ハイ。いろいろありますが、たとえば建設ですから、クレーンなどを使う際、重心を失わないよう荷物にワイヤーロープなどをかけるタマガケという資格を取得するとか、現場主任とか、機械の免許だとか。小さいものからまず取得して国家資格へ、そうすると俺が資格をとれたってうれしいんですよネ。

ある程度仕事を覚えると、現場の責任感も与える。そうしているうちに今度は自分の立場で仕事へおもしろさが出てくる。自分で働いて、その中から希望を見い出していくと言うのかなぁ。ほんとささやかな喜びかもしれないけど、小さな責任とか、誰でも取れるような免許かもしれないけど、資格をとった喜びとか、やっぱりうれしいんですよネ。

今まで行くところもなかったのに、寮で暮らして一応自分の部屋に住めた。そこから資格を取ったり、責任ある仕事をして本当に自分の部屋を持つまで立ち直れた。そのうち彼女ができたり、家庭をもったり、子どもが出来たりという道筋を辿って、少しずつ正常な状況に戻していく。こうして本当に立ち直ってくれる奴等がいるんですよ。するとそれをみて私も頑張ろうかナ……という気になる。皆んなに一生懸命向き合うことが私自身へのしばりにもなるんですね。これは他の幹部連中も同じです。今、部下へ偉そうな事を言っている奴らも、ついこないだまで私に怒られたりなだめられたり、いろいろコミュニケーションをとっていた奴等で、部下に言うことで自分へのしばりとなる。まあよい意味でのその連鎖ですよネ。

そうこうして結構な人間が更生していますが、更生してくれてもまた捕まったりで、捕まっても面会にいって「このヤロー、ふざけるナ」って怒りますよ。「申し訳ありません。もうやめます。何とか引受人になってください。また戻って働きたいです」とまあそんな感じで引き取って。二〜三回は引き取りますが、それ以上になるともう無理です。結局その人間だけで終わらないということです。今度は一生懸命我慢して生きている人間も引き込まれて、やらなくてすむ者までやってしまうということになります。ですから、それ以上になると心を鬼にしてたたき出します。

クスリは人を不幸に落とし入れ　そして自らの人生までも狂わす

橋本　Sさんは刑務所に三回お世話になっているそうですネ。

S　ハイ。はじめが三年八カ月、次が七年。この時クスリをやめて本に目覚めました。そして三回目が子どもが産まれるという時の一年二カ月です。この時は辛かったです、生まれてくる子を抱くこともできないのですから。まあ捕まったつまらない原因は子分がやった中国人の密入国に関してのことなんですが……若い者じゃケツは持ち切れないということで、私が引っ張られたんですけど仕方ないス。カタギになって十三年です。

橋本　ところでSさんも覚醒剤をやっていたそうで、この番組にも「絶対クスリに手を出してはいけない」ということを広く知らしめるためにご出演くださったのですものネ。

S　私は七年間の長期刑務所暮らしの時から自分ではやらなくなっていました。ただ、私がヤクザをしていた頃は、クスリを売ったり、人にすすめたり、人に打ったりしていました。その行為がどんなことになるのかっていうのは考えもしないでやっていた。で、何も知らなかった人が覚え、どんどんはまって泥沼に落ちていく。女の子だったら風俗で働いたり、ヤクザのくいものになったりと色々な悲惨な状態が生まれてくる。私はというとクスリの売り上げで良い

安全に配慮した作業現場

所に住んで好きな車に乗って、うまいもの食べて、毎日飲んで、何て言うんですか……人の不幸の上に築いた自分だけの快楽というか、私は人の人生を狂わせたんですよ。

橋本　クスリは想像以上に恐いと聞きます。

S　やっぱりクスリをやっている人間はクスリの生き方しか出来ない。家庭よりも仕事よりもクスリ。まずクスリがあってそこから次の事。常にクスリが中心の生活です。

覚醒剤は精神依存のクスリなんです。一〇〇％精神的な依存です。切れたら禁断症状が出て苦しくなる。アヘンやヘロインとか、そういう類のクスリと違って心が犯される。クスリの快楽を脳が覚えてしまって、心が負けてしまって、また手を出してしまう。覚醒剤は心の問題なんです。

私はやめて何十年も経ちますが、今でも夢の中で打つシーンが鮮明に出てきたり、心がボーッとしている時にそんな事を考えてみたり、恐ろしいものです。

橋本　一般的にやめたらどれくらいで正常に戻るのですか？

S　注射打つのをやめて数日も経てば普通です。ただ、快楽が脳に刻まれてしまっている。やめるために一番大切なことは、そういったクスリ関係の連中との付き合いを断つこと。けれど、なかなかそれがネ……、ハイエナみたいに連絡をよこしてくるんです。

ヤクザをしていた頃、そんなクスリを私は人に売ったり、すすめたりして人の人生を狂わせていた。これはもう一生許されないことで、償なわねばならない。そういう思いもあって今のようなことをさせてもらっているんです。

刑務所で広辞苑傍らに長編小説を読破
読書する喜び、感動を覚える

橋本　それにしてもSさんはよくぞ一八〇度違う考え方になったものですネ。

S　七年間、刑務所でつとめている時、たまたま山崎豊子さんの「不毛地帯」という本を読んだのです。全く本なんか読んだこともなかったのに、本ってこんなにおもしろいのかという、心が揺さぶられるくらい感動したのです。

橋本　たしか長編ですよね。それにSさんは学校にも行かなかったので漢字はむずかしかったのでは？

S　ハイ。読めない字がたくさんあって、広辞苑を横に読みました。ちょっと大変だったので、頑張って勉強して刑務所の中にある漢字クラブで漢字検定試験を受けて、一級をとり賞状を頂きました。

橋本　エーッ、すばらしいですネ。刑務所内で、他にも色々と勉強ができるんですか？

S　あとは短歌が好きで短歌クラブに入り一生懸命短歌を詠んでいましたネ（笑）。

橋本　ぜひ一首、思い出して教えてください。

S　ちょっと照れますネ（笑）。〝この海は　今は嵐の海なれど　やがて凪くる　嵐乞う程〟

意味はこの海、人生は今は嵐のような日々だが、いずれは、少しは大変なことがあってもよいかナと、思う程おだやかな暮らしがまっているんだろうな、このようなことです。

橋本　人は求めていれば、いずれ穏やかな生活をおくることができるということですかね。

S　ハイ。そのような生活がしたいのに、助けてくれる人が誰もいない。誘惑に負けそうな時は私がいます。繰り返さないためにどこかで断ち切る力が必要です。

あの時生まれた息子はもう十二歳。息子には「パパは昔悪い人だったんだ。でもお兄ちゃんが産まれる時、マジメにやろうと思った。だからお兄ちゃんのおかげでお父さんマジメになれたんだ」って話しています。

☆☆☆

Sさんは、身から出たサビで、自分のしたことだから仕方ないのかもしれないけれど、それでも社会的にカタギとして認められるラインが、五年や十年のスパンでもうけられると、目標もできて社会の一員として更生し生きやすくなる。このままでは、私たちはどこまでいっても元暴力団、元ヤクザなんです。とも述べていらっしゃいました。

お話を伺ってからもう六年が経過しています。お子さんもそろそろ大人、お父さまの話をどのように受けとめるでしょうか。現在は罪をつぐなっている方のお子さん達も引き取り一緒に生活しているそうです。

（二〇一三年六月、七月放送）

ナポレオン・ヒルの「思考は現実化する」、盛和塾での学びを通し、真っ直ぐな瞳にうつるのは自身の鍛錬

北都交通株式会社
代表取締役社長　渡邊《わたなべ》克仁《かつひと》さん

ＳＴＶラジオのパーソナリティーの牧泰昌さんから「この方にお話しを聞くと良いですよ」と渡邊社長のお名前を教えて頂き、「どんなふうに良いのですか？」と聞き返すと「とにかく聞いてみなさい。素晴らしいですよ」と。どうやら札幌青年会議所時代のお知り合いのよう。いつも空港に行く時利用する、あのバス会社の、遠くから眺めているだけだった社長におそるおそるマイクを近づけた。

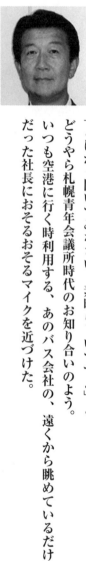

社員と経営者は運命共同体。大学のゼミは「労働法」、卒論は「不当労働行為に対する救済命令」

渡邊　私は、常々社員の皆さんへ「お客様にありがとうの感謝の気持ちを持って仕事をしましょう」と言っているのです。社員の皆さんの中には「給料は会社からもらっている」というような事を口にされる方もいますが「そうではありません。お給料はお客様から頂いています。会社はお客様にご利用頂いた料金を集めて、それを燃料代や人件費などに分けているだけで、会社が払っている訳ではありませんよ。だから、一人ひとりのお客様に、気持ちを持って笑顔で接しなければいけません。その笑顔や感謝の気持ちがお客様に伝われば、お降りになるお客様が『ありがとう』と声を出してくださる。そういう仕事をしよう。ご利用頂いたお客様が『ありがとう』と言ってくだされば、皆さんの仕事は百点だったということですよ」

それに旅客運送業は、二種の免許が必要なのですが、実は僕は普通免許しか持っていないのですね。つまりタクシーや大型バスに乗ることができないのです。ですから乗務員の皆さんが頑張ってくれることが会社と自分が成り立つということですから、本当に一人ひとりの乗務員さんに、心から「ありがとうね」と機会があるごとに声がけをするようにしています。働いている社員各々に家庭がある。自分の子が可愛いのと同じように、働いてくれている社員の皆さ

洗練されたデザインの北都交通のバス

んも家族が大切、皆一緒なのですよ、という気持ちでお話しして、意気投合しています。「僕が社長で、皆さんは働く人です」と思っていたのでは気持ちも通じにくいし、働きやすい職場はなかなか作れないのではないかなあ……。

乗務員さん各々いろいろな出会いやご縁があって、人生の決断をしてうちの会社に入ってきてくれた。そして、同じバスの乗務員さんになるのなら「人に負けない、札幌一、北海道一の乗務員になろうと思って仕事をしてほしい。そういう志を持って仕事をしてくれたら、本当に素晴らしい乗務員になると。そうすると、仕事だけではないその人のプライベートな人生の中でもプラスになりますよ」とよく言うのです。

橋本　どういったことでそのような気持ちに

至ったのですか？

渡邊　実は私の父は、稚内で祖父の薪炭《しんたん》業を継ぎました。その父の姿をみていました。薪炭業というのは今の燃料店ですね。そして渡邊燃料店から事業を拡大して、ハイヤー会社や旅行会社を作り、やがて旭川で「すずらん交通」を興しました。

二代目の父は、かなりの苦労をしていました。といいますのも、時代背景が労働争議華やかなりし時でよく労働組合と争っていました。私が学校に行こうとすると、普段はとても仲良くしてくれる方々が私の自宅の前にピケをはっていたので、人垣をかき分けて登校したことも何度もありました。

あれは僕が中学校のころだったと思います。常々、父も悪い人ではないのにどうして仲良くできないのだろうと思っていたものですから「どうして組合の人たちとそんなにぶつかるの？皆さんの言うこともちゃんと聞いてあげれば良いじゃない」と口にしたら、父は激高したのです。なんと頭の固い父よ……と。父とは理解し合えないところがありました。

そして縁があり、大学は小樽商大に進んだ時に、自分も父の仕事を継ぐ身、組合の人たちと理解を深めるために組合たるものを学ぼうとゼミで労働法をとったのです。そのゼミの先生が素晴らしい方で、道幸《どうこう》先生とおっしゃるその分野では北海道では第一人者でした。勉強の仕方にも特徴があって、学説を学ぶのではなくて実際におこった労働争議などの事件の判例集をベースにして、なぜこのような結論になったのかを議論し自分の考え方を組み立てまとめ、文章にするゼミだったのです。大切なことは、学説よりは生身の人間同士が議論する時に冷静に理論的に組み立てができる方が将来に役立つのだ、ということですね。この実践的な議論はすごく勉強になりました。

先生は面白い事もおっしゃいましたね。例えば団体交渉で、物の考え方やレベルが同じであれば声の大きい方が勝つと（笑）。やはり合理的にお話しができるようにするには、考えの組み立てをしっかりと修練しておけば無用なトラブルは起こさないですむと。

僕の考えですが、会社というのは組合や会社、どちらか一方だけが豊かになっても継続できません。やはり双方が思ったことをきちんと話し合いできる、一人ひとりの働く人たちの声を組合という組織が拾い上げてくれて、経営者に伝えてくれるというのは本当に歓迎することであって恐れることではないと思のですね。

そしてお客様目線でビジネスモデルを考えて、労使がともに手を取り合って会社の成績が向上すれば待遇改善もできる訳です。逆に会社がつぶれてしまったら組合は存在できませんし、運命共同体というつもりで、今ゼミで学んだことを実践しているという訳です。

橋本　では卒論もそういう分野で？

渡邉　そうです。「不当労働行為に対する救済命令について」で、今でも小樽商科大学の書庫にあるようです（笑）。小樽商科大学では素晴らしい諸先輩がいらっしゃって、社会人となってからも声をかけて頂き感謝しているんです。実は若い頃遊び半分で占いをみてもらったら

〝あなたご自身は大したことはないけど、あなたが困った時に必ず助けに来てくれる人が現れるという恵まれた星の下に生まれている〟と言われましてね。確かにこれまでの人生を振り返ると、その局面ごとに大学の諸先輩をはじめ、素晴らしい方々に出会って今に至っていますので、占いの先生の顔は忘れましたが言われたことは「成程な……」と覚えている訳です。

橋本　今そのお年だからこそ、占いで言われたことの意味がわかるんでしょうね。私が若い時それを言われたら「あなた自身は大したことない」ばかりが残ります（笑）。しかし、あとで人生を振り返ると「周りの人が助けてくれる」は、かけがえのない幸運ですものね。

渡邊　イヤ～ほんとですね。社会に出てまいりますと、自分ひとりの限界というのはすぐわかりますね。どれだけ素晴らしい方々に囲まれるかっていうのは、各々の人生の大きなポイントだと思います。ただ私自身は、性格的には「他力本願」ではなくて「自力本願」という気持ちですね。神様も仏様も、一生懸命努力しているところを見て、ここまで頑張っているなら手を差し伸べて少し助けてあげようかな……って思ってくれていると僕は思っているんです。

盛和塾で学んだ、夢を叶えるためには、強い思いを持ち成功をイメージして日々過ごすこと

渡邊　ナポレオン・ヒルという方が書いた「思考は現実化する」という本があるんです。彼曰

社長講話に真剣に耳を傾ける従業員の皆さん

く「頭で思い描いている事が現実になるんだよ。だから良き事を思って、良き事を行っていれば夢は叶いますよ」。逆もあるんですね。例えば〝風邪をひいたかも〟と弱気になってしまうと、本当に風邪をひく。〝イヤ今は風邪をひいている場合じゃない〟と緊張感を高めているとひかないもんだ、と僕は思っているんです。

　長い人生の目標とすべき事も、実現するかしないかっていうのは、その思いが随分と影響していると思いますね。

橋本　明治時代の思想家の中村天風《てんぷう》という方も似たような事をおっしゃっているのでは？

渡邊　はい。中村天風先生も、安岡正篤《まさひろ》先生もそうですね。実は京セラの稲盛先生、塾長といっているんですが、その盛和塾という経営塾で二十年間勉強させて頂いています。塾長が中村先生や安岡先生の思想を学んでいますので、その流れの影響かと思いますね。

橋本 盛和塾の皆さん、各々思っていることを実行に移していますよね。素晴らしいパワーですね。あの、思いを形にするパワーは何なのでしょう。

渡邊 はい。イメージできなければ実現するのは難しいと。これはビジネスだけではなく、あらゆる分野、スポーツも同じですね。イメージが大切だということです。イメージできると達成する確率が上がるということは間違いないと思います。

橋本 はぁ……。そのイメージするところが、すでに努力のスタートなんですね？

渡邊 そう、そうです。そのイメージも、何もわからない中するのではなく、人生出会いと本です。本を読んで勉強して、いろいろな方に話しを聞きます。そして人生の目標が、イメージが、より鮮明に具体的になってくると、確度が上がり達成度も上がり目標につながると思うのです。

橋本 そのイメージの仕方を、もう少し詳しくお話しいただけますか？

渡邊 例えば、マイホームを建てる。漠然と建てたいと思っていてもすぐ建てられるものではない。まず自分の家は二階建てでテラスがついていて庭があって、バーベキューができるようなコーナーもあるというふうに、すごく具体的なイメージをする。そして建築資金や頭金も用意せねばならない。となると例えばいま二十歳で、三十七、八歳には完成させたいから、三十五歳にはどれくらい貯めておかなければならないのか、では三十歳には何をしておかなければ、二十五歳には……、ならば二十歳の自分は今日何をすべきかというのが具体的に見えて、それなら今日から五百円ずつでも良いので貯金をしよう。このように自分の将来の夢に日付を入れて、具体的なスケジュールを立てて、それをデスクの前など毎日目に入る所に貼って、目標に向かって日々自分なりにチェックをしていくんですね。それを怠らずにやっていけば、五年後、十年後には予定通り頭金が貯って、思い描いていた家に近づくという訳ですね。これをしないで、そのうちそのうち……と言っていると時間だけが過ぎて、目先のいろいろな事にとらわれて、人生の目標というものがぐらついていってしまう。そうしていると夢はなかなか実現しないと僕は思っています。

橋本　私が学生時代に読んだ井上ひさしさんの「四十一番の少年」の小説の中に、「未来の履歴書」というのが出てくるんですね。主人公の少年が将来社長となるためには、いつ、何をしておくか、逆算して考えると、そのためには大学を出ていないと……しかし、大学に進学するお金がない。手に入れるために……、という内容なのですが、それと似ていますね。私も刺激を受けて、三十歳には世界的なニュースキャスターになっているはずの「未来の履歴書」を作りましたよ（笑）。

渡邊　あぁ、同じですね。僕は二十年くらい前に十五年後の自分の夢を実現しようと、「your dreams come true」という、十三年分のカレンダーを作りました。通常の大きさのカレンダーに十三年分の日数を入れて、右側にその年の達成目標を入れると、一カ月のマスが一・五センチ×二センチくらいにしかならないのですが、これが十三年間分並んでいて目で確認ができるのです。これだけ寝て起きたら十三年たつのだということになると、十三年はあっという間だ、うかうかしていられないと日々努力する、ポジティブになる、エネルギーになるということです。極端な話ですが、明日死ぬかもしれない、だから今日一日を一生懸命に生きる、この考え方が大切だと思のです。何事も思わないと実現しないんですよ。

一枚の名刺が教えてくれた営業マインド

渡邊　僕は父が経営者だったので、社会に出てからはどういう社長になるべきかと若いながらにイメージしていたんですね。

大学を卒業して野村証券に勤務しました。まず「百枚の名刺を持って配っていらっしゃい。そして百枚のお客様の名刺を頂いてきなさい」というのも新人営業マンのノルマだったのです。ターゲットは、社長さんかお医者さんで、皆さん忙しいものですからなかなか会ってくれません。しかし、普通の僕の立場だったら会えないような方でも、〝野村証券の渡邊克仁〟という名刺を出すと、時間をくださる方もいらっしゃいました。野村証券の名刺の力に若いながらも驚きました。そして各々の方の話から人生に対する考え方や、経営に対するイズムというものを通して、経営者のあるべき姿というのをお金を頂きながら学ばせて頂き有難いことでした。

こんな事もありました。野村証券で損をしたお客様がいらっしゃって、新人の飛び込み営業の僕は知らずに伺ってすごく怒られました。「どれだけ損をしたと思っているんだ」と名刺を破られて捨てられてしまいました。若かった僕は「スミマセン。その名刺を返してください」と言いましたら「破って捨てたわ」「僕には百枚名刺を使ったら、その枚数に見合う名刺を集めねばならないという仕事もありますので、破られてもかまいませんから返してください」と言ったら、その社長さんの表情がちょっと変わって、その破った名刺をセロテープで貼りつけて「私の名刺でも良いなら持って行きなさい」と。その方は、その後私の大切なお客様になりました。外回りの営業していると出会いに様々なドラマがあります。そしてトゲのあるお客様の方が、お客様になって頂けるというのも勉強し、本当に貴重な経験をさせて頂きました。相手は百戦錬磨の社長さんです。僕のような若者は見透かされてしまうのだから、礼儀正しく誠意を持ってお話しさせて頂くしかないと、そりゃあ礼儀正しく身支度もきちんと整えてお話を聞くようにしていましたね。

☆☆☆

このお話を伺って五年、あの時「これからの札幌・都心アクセス道」についても伺いましたが、時間が経過しましたので、マイクを持ち本社ビルへお邪魔しました。場所は札幌市中央区

女性ドライバーも大活躍

大通西六丁目。実はこのビルはまだ本社が違う場所にあった時、渡邊社長は「いつか大通西六丁目に本社ビルを持ちたい」と願い、実現したそうです。神棚の祭られた社長室で渡邊社長曰く、「北インターチェンジを下りて、創成川のところを全部トンネルで通るようにして、駅の手前で上がって札幌駅にできる新しいバスターミナルに直結するように進めています。二百万人が暮らす政令指定都市で、雪降る冬、高速を下りてから中心部まで一時間半の所要時間というのはいかがなものか。これからは労働人口も減少し、他業種の運転乗務員が不足、地方のコンビニの物資などの流通が滞ることも考えられます。そういった面からも交通システムを考えて整えた方が良い。例えば、自動運転システム、それからＡＩによる信号機の管制マネジメントシステム。緊急時や除雪時ＡＩで止まることなく進めるように、信号を全部青や赤にしてしまうのです。既に中国の杭州市やアメリカのピッツバーグが実験都市としてやっていますが、これで七～八％の交通渋滞が緩和できたそうです。こうして地域全体をマネジメントする必要があります。ハードを造る時代からマネジメントの時代です」。

新しい感覚で拓いていくのは、逆風も多いと思います。でも最後に「バス会社の楽しいところは、地域を変えられること、動線を作れる。仕掛けが出来て町づくりに貢献ができるんだよね。頑張りましょう」。とおっしゃっていました。この気持ちで、自身の鍛練を積んできたのでしょう。

（二〇一四年九月、十月放送）

ビス一本くぎ一本にも情熱と愛情を持ってほしい。その基礎教育を企業内で行う

株式会社　土屋ホーム
認定職業訓練校　土屋アーキテクチュアカレッジ
校長　職業訓練指導員　阿部《あべ》　忠《ただし》　さん
二十七期生　保坂《ほさか》あゆらさん
二十七期生　名取《なとり》　秀和《ひでかず》　さん

「土屋アーキテクチュアカレッジ」（北広島市）は、土屋グループの大工職を養成するため、平成三年に開校した企業内の認定職業訓練校。

建築業界はいま、深刻な人手不足にあえいでいるが、土屋ホーム創業者、土屋公三氏の先見性により、およそ三十年前から木造建築の技能者をコツコツと育ててきた。

同校は一年間の全寮制。訓練生は正社員として給料をもらいながら、

建築大工の知識と技能の習得に励み、物づくりの大切な心と技を身につけている。

一年間、給料を頂きながら技術と知識と職人の心を学べる

阿部　この「土屋アーキテクチュアカレッジ」が企業内訓練校として開校したのが、平成三年四月です。創業者の土屋公三（現土屋ホールディングス会長）が、このままでは職人さんが高齢化して、将来的に後を継ぐ人がいなくなるかもしれないと危惧を抱いたからです。

橋本　土屋公三氏といえば、ご自身が何を仕事にすれば良いのか悩んでいたとき、北海道神宮に通っていて、ある日名前の「土」と「屋」から土地と家屋の仕事をしようとひらめいた。これは神のお告げだったのかも……と以前おっしゃっていましたが、アーキテクチュアカレッジもお告げがあったのでしょうか（笑）。それにしても、平成三年といえばバブル崩壊の予兆もあり、事を起こすには慎重にならざるを得ない時期だったのでは？　すでに職人さんは不足し始めていたのでしょうか。

阿部　そのころ、私は現場監督だったので良くわかりますが、職人さんはまだたくさんいらっしゃいました。ただ二十八年を経過した今、そのころの職人さんはいるかと言ったら、ほとんどいないですね。一期で卒業した人は、あれから二十六年になりますから、もう四十、四十四、四十五歳。それに職人というのは、すぐには育たない。やはり、時間と愛情と情熱を掛けていかないと人は育ちませんからね。

これまで三百人くらい卒業しています。多いときは、一期で五十人くらい学んでいましたからね。ただここ三年くらいは時代とともにと言うのでしょうか、だいたい十人より少し多いくらいですね。それを考えると、会長の土屋の先見の明は素晴らしかったということです。そして弊社のように一企業の中にこういった形の訓練校を設けるというのは、私は道内では聞いたことがありませんね。

橋本 高校を卒業した方が入ってくるのですよね。システムはどうなっていますか?

阿部 高校を卒業した新卒の子が対象で、学科はこだわっていません。普通高校も工業高校の子もいますし、今年は女子校の子もいます。物づくりが好きというところからです。私もつい二、三日前、道東、道南、道北と回って帰ってきたばかりですが、「物づくりが好きな子がいたら推薦してください」と宣伝してきました。

このカレッジは、主に技能職の大工を養成する訓練学校ですが「チームクロス」といって、土屋ホームの内装工事部門に進む内装工事職の訓練も行っております。物づくりに興味のある女子に人気があります。

アーキテクチュアカレッジ外観

訓練生は、まず社員として採用します。入社一年間は訓練生として給与を受けながら、技術と知識を学び、建築大工技能士の二級技能士を目指します。訓練を終えると、もうプロフェッショナルとして家づくりの現場で活躍します。具体的には「生産課」という課に配属になり、先輩の指導の下で技術を積み上げていくのです

橋本　社員として入校するわけですから、訓練スタートで初任給をもらえるのですネ。

阿部　はい。高卒で十六万三千円。その中から全寮制ですので、食事、管理費用、寮費として三万八千円程度の控除があります。部屋は八畳間の他にトイレ、キッチン、冷蔵庫とベッドと学習机が付いていて完全に個室です。勤務時間が午前九時から午後五時まで。週休二日でその他、春、夏、年末年始、有休、慶弔の休みもあります。ちなみに、試験は作文と適性検査と面接ですね。

お客さまから「ありがとう」を頂ける家づくりをめざす

橋本　校長として、生徒さんたちをみていていかがですか？

阿部　同じ年齢の生徒たちですから、悩みも相談も似ています。私たちは知っていることを教える。そして、私たちも彼らも互いに吸収していく。すごく新鮮ですね。

一番先に教えることは基本動作です。あいさつ、返事の仕方、靴の並べ方、物の片づけ方、あるいは貼られた安全の標語を見て気に留めるなど大げさなことではない、そういうところから始まりますね。そして、一つ一つが商品。ビス一本にしても、くぎ一本にしても、情熱と愛情を持ってやっていかないと、途中で目標を見失う感じがあるのです。つまり、どういった形で表れるかと言うと「自分の家ならどうなの？」と言うことです。「自分の家なら『これはまずい』と思ったら、やり直すでしょ。お客さまはその十倍も望んでいるんだよ」ということです。

そして、プロの職人さんは「自分の中で、今が最高の技術だ」ということを伝えますね。もう勘と経験の時代ではない、科学に基づいた物の中で今日一番の物を皆がめざしている。そのような中で完成した家を引き渡すときに、お客さまから「ありがとう」と言われたら、本当に

分散訓練に行く訓練生

うれしいんです。泣きそうになります。その「ありがとう」の五つの文字を言われるような仕事をしてほしいと伝えます。

卒業して現場に入った子と棟梁を見ていても面白いですよ。棟梁と言っても私どものカレッジの卒業生ですから、まず会ったら「オイ、どこの学校よ」から始まり、同じ学校だったら「何期?」と連帯感が生まれ、例えば「二十三期」と言ったら「イヤ〜、俺は七期だったから、もう十六年も経ったのか」と笑って、コミュニケーションが深まります。休憩時間に新人は、棟梁の先輩から自分の失敗談や経験談を聞いて、そんな雑談の中から、新人はそれまで学んでもよく理解できなかった部分が、何となくイメージできるようになったりして、まあいい感じじかなーと思ったりしています。

橋本 では、カレッジで勉強中のお二人にお話を伺いますが、阿部校長、特別に優秀な二人を連れてきたわけではないですよね。本当のところを話していただかねば。

阿部　いいえ、席順で二人選んできました。

“物づくりが大好き”訓練生たちの心意気とやりがい

保坂《ほさか》　あゆらさん（二十七期）

北広島市から来ました。この二十七期は十二人のうち女子が四人いて、女子寮の寮長を務めています。寮は個室で快適です。

小さいころから大工さんになりたくて、もう二つくらい希望する訓練校があったのですが、女子が入れないということで他はパスしてこの学校に来ました。仕事が終わってからも一人で練習したりなど勉強して仕事を覚える環境が整っているので、この訓練校に入校できて良かったです。

大工さんになろうと思ったのは、おばあちゃんに育てられ、保育園のころおばあちゃんに「何が欲しい？」みたいなことを私が聞いたらしいんです。そうしたら「一軒家が欲しい」と言われたようで大工さんは自分よりでかいものを作っていて、かっこいいなと思っていたので、自分で作ってあげたいという気持ちからです。その気持ちが続いていて高校は、札幌工業高校の建築科に進み、「サー研同好会」（札工建築研究同好会）で、木材の加工などを楽しんでいました。そして高校三年生のときに「物づくり大会・北海道大会」で骨組み、小屋組みの屋根の一部で優勝しました。当面の夢は、その大会の延長線上の技能五輪で優勝することです。
（あゆらさんの話を聞いていた阿部校長が補足してくれました）

阿部　生徒たちを見ていて、良い意味で目標を達成するのが早い子もいれば、遅い子もいます。すると早い子が遅い子に教えるんです。あゆらもそうだけれど、手が非常に丁寧で早いのです。早い子は遅い子のところに行くと仲間ですから、受け入れる方も素直で笑いながら、時には怒りながらやっていますね。

保坂　あゆら
高校時代は、木工クラブで活躍し、大工職が好きで訓練校に入校。
写真は、実習作業で「ほぞ」加工をしている

名取《なとり》　秀和《ひでかず》さん（二十七期）

名寄市から来ました。十八歳です。高校のときに、部活動で既に二級技能士を取得しました。このカレッジには保坂あゆらさんのように、大工に対する思いが強い人たちが周りにいるのでとても励みになります。僕も小さいこ

名取　秀和
実習作業でほぞの仕上げをしている。入社8カ月目。高校時代に建築大工技能士2級の資格を取得しており、仕上げも素晴らしい

ろから「物づくり」が大好きで、「将来は大工になりたい」と先生をはじめ、周りの人にアピールしていました。あゆらさんの札幌工業高校もそうですが、僕が通っていた名寄産業高校も、木材の加工に力を入れている学校で、とても良い環境に恵まれていました。卒業するときは、先生方から「カンナもノミも持ってけー」と頂きました（笑）。今は道具の差し金を使った規矩術《きくじゅつ》という技術が難しくて……。材料の角度、屋根の勾配などを学ぶのですが、見た目以上に頭を使って考えるのが大変です。でも早めに知識を身につけて、将来は後輩から慕われるような職長、棟梁になれるようどんどん家づくりに必要なことを覚えているところです。

訓練校を卒業した2年目の名取さん。目にも厳しさが表われ作業の流れも把握して、現在は指導員からも大いに期待されている

この訓練校の魅力を二つ紹介します。一つは自分を見つめる時間があることです。終業後、仲間同士で教え合いながら努力できる環境が整っています。もう一つは先輩です。同じ高校を卒業した先輩たちが、現場に行くと同じ目線に立ってアドバイスしてくれるんです。技術だけでなく、人生のこととか車のこととか……。これはタメになります（笑）。また、こういうふうに番組で校長の話を聞く機会はあまりないですが、聞いていてお客さまに対する強い思いを知りました。僕も住宅に携わるとき、お客さまにはもちろん、営業の人がお客さまからご用命いただいた「家」に対する思いを込めて作業できるよう……頑張って身につけたいです。そして、そのためにとても

現在、現場に出て2年目の保坂さん。職人仲間から、動きも良く将来が楽しみと言われている

良い環境で仕事を覚えているなと思います。

☆☆☆

たまたま席順で来たという二人ですが、仕事を覚えることについては「芯をくっているなあ」と感じました。大工さんだけに、芯に道具をあてていかないと建つ物も建たないというのもあるのでしょうか……。

阿部校長によると、寒冷地である北海道の住宅技術の向上は高断熱、高気密と業界全体の住宅レベルの向上につながるそうです。北海道から、「早く家に帰りたい」と思う住宅の快適さを発信して全国に届けることが、土屋ホームの使命だそうです。職人の本当の「ありがとう」

を届けるために、この訓練学校は、わずか一年間ですが、何十年分にも相当する「物づくり」を学べる場所なのかもしれませんね。

さて、番組当時訓練中だったお二人、今はもう現場で働いています。阿部校長にお願いをして、働いている様子を写真に撮っていただきました（一三八頁と一三九頁の写真）。う〜ん!!二人とも真剣です！

（二〇一七年七月、八月放送）

社員として給料を頂きながら、学院生として〝おもてなし〟も学べる

野口観光株式会社　取締役
職業訓練法人　野口観光職業訓練協会　専務理事
伊《い》藤《とう》清《きよ》美《み》さん
学院生の皆さん

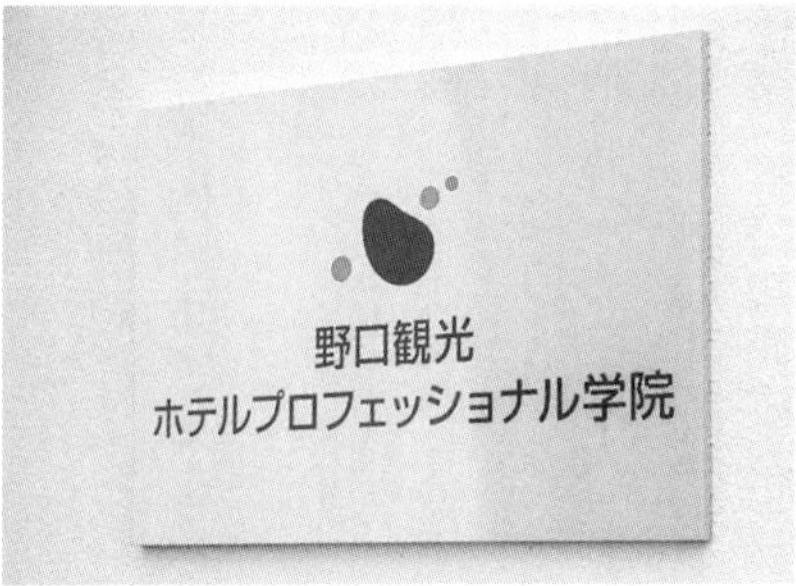

野口観光グループの野口秀夫社長が、「育てるホテル」をめざし、平成三十年四月に開校した「野口観光ホテルプロフェッショナル学院」（運営母体・職業訓練法人野口観光職業訓練協会）。世界に通じる本物の「おもてなし」を身につけたホテルマンと調理師を養成するのが狙い。正社員として採用した若者たちに観光業の基礎知識や接客技能、マネジメント能力、語学などを教育し、北海道観光の次代を担う人材を輩出する。

著名な講師陣による質の高い授業を受け、学院生はさまざまな検定試験にもチャレンジ

橋本　学院が開校して二年目ですね。学院生の皆さんの様子はいかがですか？

伊藤　二年が経ち一期生の成長ぶりは目を見張るものがあります。お盆やお正月、大型連休などに、応援という形でお客さまの前に立たせていただくことがありますが、各館《かくやかた》（野口観光の宿泊施設）の支配人、そしてお客さまから高い評価をいただいています。

橋本　形態はどのようになっていますか？

伊藤　野口観光グループの正社員として採用し、給料を支払います。学院の入学金、授業料は無償で三食付きの全寮制ですから、自然と仲間意識が芽生え、仕事への連帯感も生まれてきます。社員としての拘束時間は、一日九時間のうち七時間が座学と実習。残り一時間が休憩、一時間が現場業務での訓練です。休日は年間一〇五日と連続五日間のリフレッシュ休暇です。

橋本　整い過ぎの感じもありますね。学院生の一日のスケジュールは？　そして二年生は一年間どんな勉強をし、二年目のこれからはどんな授業内容になるのですか？

伊藤　学院の一日は午前九時からの朝礼でスタートします。内容は、社是・企業理念・行動指針の唱和、お互いの身だしなみチェック、そして社長が作詞し、彩木雅夫先生が作曲、初音ミ

新苫小牧プリンスホテル「和～なごみ」に併設された学院外観

クが唄う校歌を斉唱、一コマ五十分の授業に入ります。学びが足りないと思ったら、夕食後、各自語学やパソコンなどを各教室で自習しています。

橋本　先ほど案内していただいたパソコン教室は、素晴らしい設備ですね。また茶道室もありますね。

伊藤　この六月からは、お花とお茶の授業も始まります。私どもは「和」を重視するホテルでございます。お花やお茶を通してお客さまにそういった心も伝わることを願っております。

昨年の開校時は「総合ホテル学科」(定員三十名) のみでしたが、今年 (二〇一九年) から「調理学科」(定員二十名) も設けています。

授業の内容は、総合ホテル学科は一年時、ホテルの基礎知識と「おもてなし」を学んでいます。例えば、お客さまのお出迎え、お部屋へのご案内、接し方などの実務中心のカリキュラムで、二年生になりますと、サービス理論や食品学、そして将来のホテル業界を担う人材として店舗経営やホテル経営の責任者の能力を養う勉強をします。

また、おもてなし検定や北海道観光マイスター検定、日本の宿おもてなし検定のほかに、語学にも力を入れていますので、各外国語検定などを受けてもらったり、上級救命講習などサービス業に関わる各資格の取得もサポートしています。検定はたくさん受験しますので、学院生は一カ月半に一つは受験しています。受験料は各自負担ですが、合格したときは会社からリターンしております。

真剣なまなざしで講義を受ける学院生

講師陣は語学の場合、英語がリッツカールトン出身のアメリカ人にネイティブ英語を、韓国語と中国語は、札幌国際大学から教授をお招きし、ご指導をいただいております。

調理学科の外部講師には「すし善」の嶋宮勤さん、中国料理は「孝華」の富井祥司さんと素晴らしい講師陣にお世話になっています。また内部講師の皆さんは、職業訓練法人に必要な四十八時間の講習を務め、資格を取得した弊社の社員六十人が指導に当たっております。講師の皆さんは、指導内容についてかなり吟味していただいているようで、指導する方、される方、双方が互いに緊張しながらの授業に臨んでおり、見ておりますと新鮮さと迫力があります。各講師の先生方から、学院生の目がキラキラ輝いているとのお言葉をいただきました。社交辞令かもしれませんね（笑）。

橋本　伊藤さんは「職業訓練学校設立準備担当」で、学院開校前に日本全国を視察に回ったそうですね。

伊藤　はい。一番遠かったのは、鹿児島の歴史ある専門短期大学校さんです。そこはたくさんのカリキュラムを設けていて、学生をどう育てれば育つのかの指導方法や、お互いのやりがいをいかにして見いだすかなど、ご指導いただきました。

創業者の思いを受け継ぎ、若者に観光のやりがいを学ぶ場を提供へ

橋本　それでは、学院開校の背景を教えてください。

伊藤　まずは、私どもの社長の野口秀夫が「育てるホテルをめざす」と、この職業訓練法人を立ち上げ、野口が学院長も務めております。「育てるホテル」というのは、近年のインバウンド（訪日外国人観光客）増加に伴い、将来の人材をいかに育成するか、私どものホテルだけでなく、北海道の観光のために何ができるのかという思いで、この学院を開校した次第でございます。初めは「寺子屋形式」での展開も考えていたようでございますが、さまざまな方からご助言をいただき、やはり、きちっとした形で進めた方がより良い人材が育つのでは、と学院を

立ち上げた次第でございます。

橋本　野口社長は、土屋ホームの「土屋アーキテクチュアカレッジ」（一二九頁参照）からも刺激を受けたそうですね。

伊藤　その通りです。私も何度か学校にもお邪魔しました。土屋さんの学校は、一年制でございますね。生徒さんのごあいさつの様子もさることながら、私が感心したのが各教室の整理整頓です。大工職人さんというお仕事柄、整理整頓は必要とされるのでしょうが、各教室で既にその心を見ることができました。そして、先生方の熱意。お話を伺っていても〝生徒を育てる〟という思いが徹底していました。私どもも土屋さんを真似てここまで来たというところでございます。北海道内では、単独企業がこういう職業訓練法人を持っているというのは、わずかだと思います。

そして実はこの思いには歴史がございまして、学院長で現社長の父、弊社創業者の野口秀次《ひでじ》に発すると聞いております。

野口秀次は静岡県下田市の生まれで、家庭の事情で高等教育を受けておらず、学びたい子どもたちを応援したいという気持ちを持っておりました。そこで後に、下田市に一億円の返済不要の育英資金を拠出したという背景もございまして、それがこの学院の開校につながったともお聞きしております。

橋本　思いというのは本当に強いですね。時間を超えても生きていくのですね。

正しい姿勢、笑顔での接客を学ぶ学院生たち

そして、先ほど「育てるホテル」「育つ人材」という言葉がありましたが、それまで人材が育ちにくい現状があったということですね。

伊藤　そうですね。今の時代、どこの企業も「人材育成」に頭を悩ませていると思います。ホテルに入りましても、自分の仕事のやりがいを見いだせないうちに辞めてしまうという方は多いですね。ですから、この学院で観光業のやりがいを十分把握して巣立っていただきたい、というのも開校の目的の一つでございます。

橋本　早期の離職率が高いとなると、仕事の面白さがわからないうちに去ってしまうということでもったいないですね。

伊藤　仕事の醍醐味を味わないうちのリタイヤメントは本当に残念なことでございま

す。この学院では、まず座学でホテルのやるべき仕事を学び、次にグループホテルに赴き、実地で経験し学んだことの意味を身体や心で復習します。その後ここに戻ってきて、再び座学で自身の能力を育て、方向性を見いだしていきますので、やりがいも少しずつ蓄積されていくと思います。

そして仲間と共に学びますので、何年か何十年か後に仕事のやりがいを思い出せなくなったとき、当時の仲間と語らい、共に学んだころのこと、初心を思い返し再スタートするべく気持ちが前へ進むことも考えられますね。

橋本　では、学院生さんにお話を伺いましょう。

＊二年生

○押野渚《おしのなぎさ》です。秩父別《ちっぷべつ》出身です。一年生のときは勉強や実習でいっぱい、いっぱいでしたが、このごろようやく、やりたいことができるようになりました。やりたいことは何かって？　それは自分なりのサービスについて考えることです。マニュアルとか一応覚えるのですが、ただ言葉にするだけでなく、笑顔や身振り手振りとかを、どうすればお客さまに伝わるのか、いろいろ工夫して考えています。

○中谷元香《なかやはるか》です。苫小牧出身です。近くに実家があるから帰りたくなるんじゃないかって？

学院生が昼夜をともにする部屋

いいえ、皆んなと一緒に居たいからそれはないです。ウフフ（笑）。一人だと寂しいけれど、皆んなが一緒に話してくれるので、にぎやかで楽しいです。えっ⁉　おならをしたくなったらどうするかって？　はい、部屋に個室はないので、急いで唯一の個室のトイレに行きます。ウフフ（笑）。

○和田夕奈《わだゆうな》です。秋田出身です。もともとホテル業界に進みたく、探していたら、ここがありましたので来ました。北海道は初めてでしたが、一年経ってもう慣れました。えっ？　どんなホテリエを目指しているか？　それはお客様さまが望んでいることを先に判断して、一歩先の行動ができるホテリエです。そのために今、困っていそうな人がいたら、何を求めているのか瞬時に想像して、助けてあげるようにしています。

○伊藤忍《いとうしのぶ》です。函館出身です。僕の地元函館にも、野口観光のホテルがあるので、地元で働きたいと思いここで学んで働いています。一年勉強して、自分なりのおもてなしについての考えは、お客さまの望むことを解決することだ、と思いました。

＊一年生

○棟方優菜《むねかたゆうな》です。苫小牧出身です。今、洗濯が大変かな？　自分でやらなきゃ。えっ、洗えばきれいになる？　確かに……。ハイ、洗濯も楽しいです。うふふ（笑）。

○松下竜司《まつしたりゅうじ》です。更別村出身です。今は韓国語の勉強が楽しいです。ゆくゆくはスタッフからも、お客さまからも信頼されるホテルマンになりたいです。僕の思う信頼というのは「この人に言ったら助けてくれる」みたいな安心感です。

○髙橋《たかはし》こころです。札幌出身です。私は子どものころ人見知りだったのですが、旅先でホテルのお姉さんが、目を合わせて優しく話してくれたのがうれしくて、自分もそんなホテリエになりたいと来ました。社長からは「北海道を好きになってほしい」と言われたので、もっと勉強します。

☆☆☆

最近よく耳にする「ホテリエ」……、従来使われてきた「ホテルマン」と日本では意味がそう変わらないそうです。ただ「ホテリエ」はフランス語らしく、ちょっとおしゃれな感じがしますね。伊藤さんはホテリエの専門職で、今後は、ホテルマンのホスピタリティー、おもてなしを重視したサービス業ができる、そして経営的にも数字的なマネジメントが求められる広域的な能力も必要な仕事だとおっしゃっていました。玄関でボーっと立っているだけでは、チコちゃんに叱られるのが「ホテリエ」、「ホテルマン」なのでしょう。そしてこの学院は卒業後、野口観光以外の別ホテルで働くことも可能なのだそうです。「全ては北海道の観光のために」──。視野が広い!!　さすが世界の一流を意識するホテルです。

（二〇一九年六月、七月放送）

青い島に導かれて、天売島から世界へ地球の今を発信する

自然写真家
守りたい生命《いのち》プロジェクト有限責任事業組合
代表　寺沢孝毅《てらさわたかき》さん

幼いころ、早春のガチガチに固まった雪上で目にした「青い鳥」に魅かれ、それ以来鳥に興味を持つようになった。

父親の影響で教育大学へ進み、教師の道を選び小学校の先生に。

初めての赴任先は、オロロン島（正式名称・ウミガラス）が生息する天売島を希望した。

十年間の教員生活を経て自然写真家となり、天売島を活動の拠点に
自然の動植物を通して地球の今を伝えるため、世界中で取材を続けている。

教員の初赴任先は海鳥の繁殖地として有名な天売島を逆指名

橋本　私が寺沢さんに初めてお会いしたのは、三十数年ほど前……、テレビの「ズームイン!!朝!」という早朝の全国生中継の番組でしたネ。あの時はまだ天売小学校の先生で、野鳥クラブの子どもたちと一緒に天売島から出演してくださいました。

寺沢　はい。僕も指導していたクラブの子どもと一緒に過ごしていたという感じでした。子どもたちが野外に出て、鳥だけでなく、花や虫、植物など命と触れ合うことは、とても大事なことだと思っています。子どもは結構残酷な面があります。自分を振り返っても、昆虫をいじっていじって死なせたりなど、いろいろなことをやっていました。でも、その中で「あ～悪いことをしたなァ」という何とも言えない罪悪感を抱き、その気持ちが優しさや、相手の命を大事にすることにつながると思うのです。だから野外へ出てそういう命と触れ合い「さわる」ことは大切だと思います。

あの教え子たちの何人かは今も島に住んでいて、仕事の傍ら自然のこと、島おこしのことなどにすごく頑張っています。

橋本　寺沢さんは、なぜ先生になったのですか?

寺沢　初めは、それほど真剣に教師を目指していたわけではないのですが、父が教員だったのでその背中を見ていたら、自分の将来も教員のイメージとなって教育大学に進んだのです。そして、教員の採用試験で希望赴任地を聞かれるだろうと思い、事前に好きな鳥がいる場所をいろいろと調べたのです。ところが、名の知れた所はすでに研究者や写真家が入り込んで活動していました。それで、どうせやるなら自分が最初という場所を探していたら「天売島」だったのです。当時の天売島は、海鳥《うみどり》の繁殖地としては有名でしたが、詳しい情報がありませんでした。そこで、教員の面接試験で「天売小学校に行きたいです。どんな不便な場所、離島でも子どもたちがいれば、そこで自分は一生懸命やりたい」と、かっこのいいことを言って願いがかなったのです。

橋本　それほど鳥が好きだったのですネ。

寺沢　実は小学校に入る前から鳥に「ぞっこん」になってしまったのです。春になると雪が固くなり、特に朝はカチン、カチンになりますよね。そんな朝、川原を歩いていたら、真っ青な鳥に出あったのです。そのブルーの鳥にパッと取りつかれて、捕えたいと思ったけれどダメでした。その鳥の名前を知りたくて図鑑を買ってもらったら、その中にものすごくたくさんの鳥の世界が詰まっていて……。例えば、図鑑のオジロワシやオオワシなどは嘴《くちばし》や足の爪など、リアルに描かれていて「絶対に本物を見てみたい」と思ったのです。そこからずっと鳥が好きになりました。

橋本　今、そのときの青い鳥は何だかわかりますか？

寺沢　たぶん「ルリビタキ」という鳥だったと思います（一六一頁参照）。でも自分にとってはそれは何でもよかったのです。とにかく、そのときに見た〝青さ〟が強烈で。もし出あっていなかったら自分は天売島に来ることもなかっただろうし、今のようにあちこち自然を求めて旅をすることもなかった。すべて一羽の青い鳥が僕の人生を決めてしまった、と言ってもいいですね。

橋本　へェ～「幸せの青い鳥」とは、何だか出来過ぎた話ですね（笑）。それで鳥に魅せられ天売島にやって来たわけですか。

寺沢　島に到着してすぐに島内をぐるりと一周しました。ウミネコが断崖にたくさんいて、それに圧倒されたのですが、オロロン鳥との愛称で呼ばれる有名なウミガラスが見当たらない。その昔は四万羽もいて、当時でも五百羽ぐらいはいるはずだったのに……。一生懸命、一カ月ぐらい探し回ったけれど、自分では探せなかった。地元の人に「あっちの断崖の方に行きゃあ、いるけど、今は減っているし見るのは難しいかなぁ」と言われました。ちょうど漁船でその場所に行くチャンスがあったのでお願いして向かってもらい、繁殖地の岩場まで行ってようやく出あえたというわけです。必死にシャッターを切りました。

橋本　そのときの気持ちは？

寺沢　う～ん。鳥自体は、特にきれいで美しい色彩でもないいし、白と黒のツートンカラーでしょ。断崖自体も黒っぽいので、あまり感動というのはなかったですね。むしろ「やっと出あえた」という安堵感のほうが強かったです。

ところがこの話はこれで終わらない。翌年、再度漁師さんに頼んで同じ場所に連れて行ってもらったら、ある一カ所からオロロン鳥がベロッと消えてなくなっていたのです。そのときは本当に危機感を覚えました。「これはまずい！　放っておいたらオロロン鳥は目の前から消えてしまう」と……。

橋本　その「ベロッと消える」というのは何羽ぐらいだったのですか？

寺沢　そうですね、百羽ぐらいだと思います。当時、僕はすでにオロロン鳥＝ウミガラスの調査や保護をやり始めていました。今もこの活動は続いていて、一時期十五羽まで減ってしまったのですが、環境省や羽幌町が主導して専門の先生方などの力で保護・増殖を繰り返してV字回復して三十五羽となり繁殖も安定するようになりつつあるのです。

これにはいろいろな手を打ちましたが、一つのきっかけは音でした。スピーカーから、初めはアメリカで録音した「オロロン、オロロン」という鳴き声を流したんですが、効果は今一つ。そこで、自分が天売島で収録した鳴き声を持っていたので、その音に差し替えた途端、オロロン鳥が集まり始めたのです。

橋本　エッ!?　鳥が英語だってわかるの？

寺沢　やっぱり、アメリカのオロロン鳥の声では微妙なイントネーションが違って、天売島のオロロン鳥にはわからないんだね（笑）。人間と同じかな。鳥もちゃんとその地方、地方で言葉が違うのかもしれません。天売島の方言で「お前ら来いよ」を「アベー」って言うけれど、そんな方言を使っているのかもね（笑）。

橋本　へェ～。ところで、鳥の個体調査というのをよく耳にしますが、どうやって数をかぞえるのですか？

寺沢　以前は集まる繁殖場所があってそこで観察された最大個体数を飛来数にする出し方はしていましたが、今は繁殖場所に固定のカメラを付けてかなりの精度でカウントしています。個体識別はよほど特徴がないと難しいのですが、ただ卵を産む場所がそれぞれきちんとあってそこに同じ個体が出入りするので、そういう意味ではかなりの精度で個体数を割り出せますね。

教師を辞めて自然写真家として「小さな地球」天売島に残る

橋本　寺沢さんの今の肩書きは「自然写真家」ですよね。教員生活は何年続けられたのですか？

寺沢　十年間やりました。でも、同じ学校に新卒の先生が十年もいるというのは異例でした。自分はそうやって海鳥の保護活動を始めたので、町の教育委員会も理解を示してくれて転勤しないよう配慮してもらっていたのです。でもいつまでも甘えてはいられないと思い、いろいろ考えた末に辞めて島に残ることにしました。自分としては、今思えば島に来るときから何かそういう運命を感じていたような気がします。

僕が島に残ろうと決断したのは、天売島というのは「地球のモデル」じゃないかと思ったからです。

単に鳥が好きな自分が自己満足するだけではなく、何か地球の法則が貫くリズムというか、言い換えれば命のリズムのようなものを感じたのです。天売島に包含されて、それをずっとこの小さな場所で見ていこうと思ったのです。そこがやっぱり一番の魅力で、ホント地球の縮図ですよ。さまざまな疑問が天売島で生まれるので、それを解決する糸口を探すために北海道内だけでなく、地球のいろいろな場所を見に行く。そして島に帰って来て、自分の「小さな地球」を見直す――。そういう活動をしているのです。

初めは、大好きな鳥もたくさんいるし自分にとってはとても良い場所でしたが、オロロン鳥の激減を目の当たりにした。なぜ減っているのか、もちろん理由はいろいろある。例えば、天売島はオロロン鳥の繁殖地の南限だから、気温の変化が一℃にも満たない温暖化でも、鳥にとっては相性が合わなくて、繁殖しにくい場所になった側面もあるでしょう。そしてどんどん追究していくと、そこに人間という存在が出てくるのです。どういうことかと言うと、天売島に人間が住んでいる、海鳥と同じ場所で漁業活動もしている、魚を獲るということは海鳥の命の源を獲ることにもつながってそこで競合している。また時々、仕掛けた漁網に鳥が引っかかることもあるわけです。地球環境が変わってきたせいなのか、僕が天売島で暮らしてきたたった三十数年間でも、とれる魚の種類や漁獲が激変している。そういう魚の減少や気候の変化だったりあるいは人間の海でのさまざまな活動などの要因が複合的に絡んで、今のオロロン鳥の激減という姿がある。そういうことがわかってくると、人間はどうやって生きていくのが良いのか？　という次の疑問にぶつかるわけです。考えていくと、これは天売島だけの問題ではなくて地球全体の問題だと気付いていくのです。自然と人がどうやって調和して共に生きていくのか……、そんな問題を投げかける天売島は「小さな地球」なのです。たとえ時間が掛かったとしても、天売島でそれが出来る仕組みをつくることができれば、それは地球に対する大きなメッセージになるのだろうと思っています。

夏と冬の北極を体験し、命の営みと地球環境の変化を知る

橋本　それを知るために、いろいろな場所へ取材したそうですね。振り返ってみると、最も大掛かりでドラマチックな取材はどこでしたか？

寺沢　やっぱり北極ですね。天売島は冬にたくさんのアザラシが来ます。今は夏場でも普通に

最近の寺沢さん

ルリビタキ

知床で流氷の下を潜水する

千島列島で取材中の寺沢さん
（2019.6.23　左は絵本作家 あべ弘士氏）

真冬の北極探検で目にした風景
2009年3月

小学校教員時代の「シマフクロウを探す会」
2列目右端寺沢さん、2列目右から3人目、次で紹介する齊藤暢さん

見られるように変わってきていますが……。あるアザラシの本を作っているときに、「ところで、アザラシの子どもはどこで産まれるの?」という話になったとき「オホーツクの流氷の上だよ」と言ったら、僕がオホーツクと知床へ取材に行くことになりました。二月から四月まで通いました。そこで運良くゴマフアザラシだけではなく、とても珍しいクラカケアザラシの赤ちゃんの写真も撮れて、余りにもその赤ちゃんがかわいいので何年か訪れていたのです。ところが、ある年出あえなくなってしまった。どうやら出産時期の三月に、暖かさの影響で流氷が離れてしまったということがわかりました。

もともとこの寒さはどこから来るのだろうと考えたら〝北極だ〟ということになって、地球の寒さの現実を見てこようと北極へ行ったのです。

寒さを知るなら最も寒い冬がいいと思い、三月の北極圏を訪ねました。ノルウェーのずっと北のはずれ、北緯八〇度のところにあるスバールバル諸島に行って、さらにそこからスノーモービルで移動して人里離れた海岸にテントを張ってホッキョクグマを待ったのです。しかし猛吹雪に見舞われて、本当に死にそうになって、ほうほうの体で何とか脱出して無事に帰ってきました。その寒さは想像を絶するもので、過酷で、それまで地球の寒さを全くわかっていなかったと気付いた。あまりに寒さが厳しい冬では寒さの現実が逆にわからないと思い、夏に出直したのです。

夏は氷が解けた海をヨットで一カ月、ずーっと北へ向かって氷河や出没する生き物などを観察しながら航海しました。すると、氷河がどんどん後退しているという現実を目の当たりにしたのです。氷が解けて少ない海で、ホッキョクグマが氷上で休む好物のアザラシを食べられず苦労していることなどを見て「これは間違いなく、北極は暖かくなっている」という確信をつかむことができました。

北極では、言葉を失うほどの光景も見ました。真夏になりようやく氷が解けて海面をのぞかせる海に、多数のハシブトウミガラスを見つけました。ハシブトウミガラスは、天売島にすんでいるオロロン鳥に一番近い種です。そこに四キロくらい続く崖をヨットのデッキに出て目にした瞬間は、もう本当に腰が抜けました。そこにびっしり……、ハシブトウミガラスが鈴鳴りだったのです。

こんな北極の果てに、これほど無数の命が繁殖という営みをしている!! 僕はその光景に、余りにも衝撃を受けてカメラを向けるのを二時間くらい忘れていました。あまりに想定外だったので、現実を受け入れられず強いショックを受けたのです。北極がこんなに生命に満ちているなんて、知りませんでした。

あの光景は、もうただ見ているだけで涙が出ました。思い出したら今も泣きそうになります。ただこの営みも、ちょっとした水温、気温の変化で消えてしまう可能性もあるのだと、一方では危機感も覚えました。

地球からのメッセージを〝伝える〟ことが自分の使命

橋本　やっぱり実際に行って見ないとわかりませんネ。それにしても遠征取材にお金もかかりますよネ。

寺沢　一カ月ヨットをチャーターするだけで七百万円から八百万円かかります。夏の北極のときは、インターネットで「探検隊員募集!!」と呼び掛けたのですが、隊員が集まらない、もうハラハラ。夜は「隊員募集」の夢ばかり見て油汗がタラタラ、かみさんの顔も夢に出てくるし……、困った、困ったと焦っているところに、あるテレビ局が同行取材をしたいと言ってくれて、何とか資金繰りに目途が立ちました。

橋本　〝運が良い〟なんて軽い言葉ではなく、活動をわかってくれる周りの人たちに支えられているのですね。そして寺沢さんは、取材に行く先々で鳥の鳴き声を音声に収録していますね。

寺沢　はい。あのときも音をとりましたが、まァ、数十万羽の鳥の声は、余りにも重なり過ぎて明瞭に聞こえていませんでした。「ナンダ、コレ?」という感じ（笑）。

僕のこの活動は「伝えること」がなければ、もう自己満足の世界ですからほとんど意味がないと思っています。やっぱり「伝える活動」のためで、例えば小学校やサークルで話を頼まれたとき、もちろん写真はあるのですが、そこに鳥の鳴き声などの自然音を付けて聞いてもらうと、臨場感が出て皆さん集中して聞いてくれます。実は音にもこだわっていて、かなり良い音のとれるデジタル録音機を使っています。

あるとき、天売島に鳥の声を録音するプロの方が来ました。僕も興味があったので一緒に付いて回りました。「今、こんなにコンパクトなのに最高の音がとれるんだよ」と教えられて、自分もやってみようかと。でも意外と難しいのです。例えば手で持つ自分の指の音が入ってしまったり、ちょっとした風の音が「バホ、バホ」と入ったり。やはり、それなりの準備が必要です。防風のカバーを付けたり、素手ではなく手袋のようなものをはめて触るとか、いろいろ工夫してやっています。講演会の会場で音を聞いてもらうことがあるのですが、やっぱり反応は違いますね。「音があったら、意外と写真はない方が良い」とも言われます。

僕は、地球にはまだこんなすばらしい場所があることを伝えたい。そして、知らず知らずのうちに私たちが痛めつけているようなことも知ってほしいのです。例えば、地球温暖化の大きな原因の一つといわれる二酸化炭素の量を減らすために暖房を一℃下げましょうとか、車を出す前にちょっと歩きましょうとか、ほんの少しずつ皆んなが行動すると大きな効果になりますよと。そしてそれをおのおのが行動するためには、とにかく地球の真実を知らないと行動に移せませんよね。だから、少しでも知ってもらおうと努めているのです。北極圏にしても誰もが簡単に行けるわけではないし、自分もいろいな人にご協力いただくことで取材活動ができています。その結果を伝えることが、僕からの協力者や地球へのせめてもの恩返しだと思うのです。

☆☆☆

寺沢さんは番組の冒頭、毎回収録した海鳥の鳴き声を聞かせてくれました。巻き舌で「オロロン」と鳴くオロロン鳥（正式名称・ウミガラス）や「ピッピピッピッ……」と鳴くケイマフリ……。ケイマフリという鳥は、足と口の中が赤くショパンの調べをイメージさせる鳴き声です。そして三月のウミネコの鳴き声は伸びやかに聞こえ、島の人たちに「やっと春が来た」という開放感も届けてくれるそうです。

百万羽の海鳥と三百人の人々が共生する周囲十二キロの「天売島」は、奇跡の島といわれています。多くの方々の協力を得ながら、鳥をはじめとする小さな命や、貴重な自然を求めて、カメラと録音機を手に旅を続ける寺沢さん、地球からのメッセージをこれからも伝えつづけます。

（二〇一五年一月、二月放送）

当時小学校の野鳥クラブにいた男の子と三十五年ぶりに出会ったら、地元天売島《てうりとう》で島活性化会議の若きリーダーになっていた

一般社団法人　天売島おらが島活性化会議
代表理事　齊藤《さいとう》　暢《みつる》さん

北海道日本海に浮かぶ天売島は、前項にあるように寺沢孝毅さんが小学校教員として赴任し、世界的な野鳥の地として知られるようになった。その天売小学校で寺沢先生の教え子だった齊藤暢《みつる》さん。

寺沢先生から地域おこしのバトンを受け取った齊藤さんは、島根県隠岐諸島の「海士町《あまちょう》」を視察したことがきっかけで、島の活性化に本気で取り組むようになった。

「天売島おらが島会議」の発案者は寺沢先生だった

橋本　私たち、初対面じゃないんですよね。よくぞ思い出させてくれました。

齊藤　そうなんです。橋本さんは忘れていたようですが、今から三十五年くらい前、僕がまだ天売小学校の四年生か五年生のとき、ＳＴＶ（日本テレビ系列・札幌テレビ放送）の「ズームイン!!朝！」の全国生中継が、天売島の西海岸でありました。そのときのレポーターが橋本さんで、当時「野鳥クラブ」の寺沢先生と一緒に、小学生の僕たちにインタビューしてくれたんです。

橋本　あの児童の中に齊藤さんがいたのですね。あれから三十五年……、二〇一八年札幌で「水環境フォーラム」の助成団体の報告発表会があり、私が進行役を務めていたんですよね。八団体の発表の一つが「一般社団法人　天売島おらが島活性化会議」で、齊藤さんの報告が終わりました、そして私が二十秒くらいでつなぎの感想コメントを入れます、天売島と言えばの寺沢先生の存在も頭をかすめ、いろいろ考えて「齊藤さんたちの活動を、今の島の子どもたちが十年後、二十年後とバトンを受け継ぐのでしょうね」とコメントしたら、報告を終えて降壇しようとした齊藤さんが、きびすを返し「実は僕、三十五年前に天売島から全国に向けた生放

焼尻島からみた天売島

送で橋本さんに会っているんです」と言ってくださって、会場の皆さんも再会に温かい拍手を送ってくださったんですものね。

齊藤　あのタイミングで言わないと……と思いまして。

橋本　本当に驚きでした。これはきっと私への使命があるはずだと、こうしてスタジオまで呼んでしまいました。活動内容を伺う前に、今の天売島について教えてください。

齊藤　天売島は留萌振興局管内の苫前郡羽幌町、羽幌港から西へ三十キロの日本海に浮かぶ、周囲十二キロ、人口約三百人の島です。僕が小学生の頃は、おそらく七百人くらいはいたと思うのですが、どんどん減っています。昔、鰊《にしん》がたくさん取れていた頃は、お隣の焼尻島とともに栄えていて、昭和二十一年の戸籍を調べると二三〇〇人近くの人が住んでいたんです。

漁の最盛期の春先にはヤン衆も来ていたので、三〇〇〇人を超す人がいました。ただ、当時は灯油がなかったので天売島の森の木を薪《まき》にしていて、そのせいではげ山が増えて、水が枯れるという大きな問題も出てきたんです。そうした課題をはじめ天売島はいま産業、観光、雇用など、さまざまなテーマを抱えています。

橋本　齊藤さんは天売島で生まれ育って、時代の流れや問題点を聞いたり、見たりしてきたんですね。

齊藤　はい。僕の家は、天売島三代目で苫前町からここにやって来ました。

「天売島おらが島活性化会議」は、二〇一一年に寺沢先生の発案で、先生が名前を考えて誕生しました。初めは、たまに島内の草刈りをする程度で何をしたら良いかわからず、何もしない〝幽霊団体〟みたいな任意団体でした。だって、島の活性化や人口の減少問題に取り組むのは、行政だと漠然と思っていましたからね。

島根県海士町がメンバーの意識を変え、島の課題に目を向け始める

齊藤　そんなとき、二〇一二年に寺沢先生の勧めで、島根県にある海士町《あまちょう》に視察旅行に行く機会がありました。今だから言えますが、正直遊び半分で……。仲間六人で行ってみると、もう

海士町視察（左から2人目が齊藤さん）

何か「スゲェナ～」ですよ。フェリーで海士町に降り立ったら、まず「ないものはない」、「便利なものはないけれど、人が生きるために必要なものは全てある」と書かれたポスターがドカーンと目に入ってきて。「俺なんか、何となく親の仕事をついで、それで精いっぱいだと思っていた。でも、何もやっていねぇや」と思いました。

海士町では〝前例がない〟〝制度がない〟〝お金がない〟は禁句で、住んでいる島民や町を立て直そうという行政の方々の覚悟を感じました。そのときは既に島外からいろいろな方が移住して、新しく仕事を起業したり、起業するにあたっても、それなりの覚悟を持って生活をしているという話を聞かせていただいて、僕はものすごい衝撃を受けました。今まで〝前例がない〟〝制度がない〟〝金がない〟は全部言っていたのです。「そんなもん、金がないから出来るわけねぇべや」とか「そんなんやったら誰かに何か言われるから」とか、そんなことばっかり言っていたんです。そこで戻ってから、そう言うのはナシにして「島がこうなったらいいナ……」とか「島でこういうことをやってみたいな」というのを、皆んなで十個ずつ、取りあえず出し合って、そこからやってみないかと。

橋本　初めの〝幽霊団体〟に魂が入ってきたのですね？

齊藤　そうです。二〇一三年に札幌の「はまなす財団」の「地域づくり発掘事業」に応募したら、採択されました。そこの職員さんに「これから本格的な活動をしたいので、いろいろと相談に乗ってくれませんか」とお願いして、それでNPO法人でもなく、株式会社でもない「一般社団法人」にしたのです。でも大変でした。ただ、当初から「島で自分たちができることをどんどんやっていきたいよね」って、皆んなで話していました。メンバーは島に住んでいて、それぞれ漁協職員や漁師など仕事を持っている三十代から四十代の人たち十人で、二人を雇用しました。お金もうけがメーンではないのですが、雇用するとなると稼がなきゃならない。漁協にお願いして、当時天売高校で作っていたウニの缶詰を売らせてもらいました。これは、もともと実習品なので、市場に出回ることがなかったのですが、それを作らせてもらって収入にしたり、いろんなことをチョコ、チョコとやっている中で行政の方も気にかけてくれて、当時天売島で問題になっていた、野良猫の捕獲を環境省からの委託事業として請け負い、お金をいただきました。

橋本 あれは報道でも取り上げられていましたね。

齊藤 はい。島民の猫好きの方々からは「お前ら猫さらいか」などと言われ、理解してもらうのに三年くらい掛かりました。大変でした。島に三百匹以上の野良猫が増え、ウトウやウミネコなど海鳥の繁殖地に入り、影響が出てきたんです。このことは猫のためにも良くないことで、愛護団体の生息状況で飼い猫なら二十年くらい生きられるのに、過酷な環境のため凍傷などで平均年齢が三、四歳だとわかったのです。そこで、捕獲を手伝ったのです。これについては、環境省、羽幌町、天売島、そして愛護団体の方々と、さまざまな角度で関わりました。このとき、何かをするには役割分担があって行政も含めて、いろいろな方々が関わることが必要だと学んだのです。

海士町から刺激をうけて開発した
「あわびカレー」

橋本 おのおの十個ずつアイデアを出していますから、少しずつトライしていったのでしょうね。

齊藤 はい。例えば、海士町のお土産用のレトルト「サザエカレー」に刺激を受けて、真似て僕らも漁協にお願いして「あわびカレー」を作りました。大人気であっという間に売り切れ。これで変な自信がついて「島で仕事を作れないか、雇用を生み出そう」と、そのとき島に戻ってきていた二人の若者の働き先について、観光協会さんにお願いして観光窓口の仕事などをいただいたりしました。

勇気とヤル気が一つの成功を生み皆んなでやり遂げることで次につながる

齊藤　天売島は鰊漁で栄えていた頃、鰊カス肥料を作るための炊き上げの燃料や、冬場暖をとるために山の木を切り出して使っていたそうなんです。そして、天売島には川がないので地下水を利用していたんですが、木を切り出したはげ山のため水が枯れてしまったのです。そこで昭和四十年、五十年ごろから本格的な植林が始まり、それが成長して今、ちょうどトドマツ、カラマツが混み合っているので、間伐が必要なんです。そこで、間伐材の使い道を考えようと、留萌振興局、羽幌町、おらが島活性化会議の三者で「未来につなぐ木育の島づくり」という協定を締結しました。これには、天売島応援団の大学の先生なども交えて子どもたちに木《き》の子《こ》のほだ木作り、ドラム缶作り、炭作り、観光で生かせる、楽しめる森づくりのアイデアを出してもらいました。

柔軟な発想で、アスレチックの遊具を作って「天売ガーデン」など、いろんなアイデアが出ました。また、キャンプ場を作って、そこに間伐材を使ったシャワールームやサウナルームも作ったりしました。そして僕たちが、子どもたちに何よりも知ってほしかったのは、島での森の役割でした。「森があるから水とつながり、海にもつながる。ひいては海の栄養にもつながって、そして結局巡り巡って自分につながる」という循環を知ってほしい。僕たちも次世代も、まず森をしっかりとつなぐということを伝え続けていきたいと思います。

橋本　寺沢先生の発案で「おらが島活性化会議」を作って、しばらく寺沢先生は口を出さないで何もしなかったので、休眠状態だったと先程言っていました。あれは齊藤さんたちが何をしたいのかという、内側から出てくるのを先生も待っていたのかもしれませんよ。

齊藤　そうかも知れませんね。あの頃は、それがなかったですからね。でも、海士町に視察に行ったおかげで、考え方がガラリと変わりましたからね。それまでは自分らでやるんだってこと、全くなかったです。「そんなの役場がやるんだろ」とか「観光のPRは観光協会や観光課の仕事だ」みたいに勝手に思っていた。でも、海士町から戻って本格的に活動しようと役場に相談に行くと、すごく真剣に考えて一緒に動いてくれるんです。気付きましたね。自分たちが何も伝えていなかったんだって……。そして、一つ成功すると、皆んなで何かやり遂げたなと次につながるんですよ。

橋本　それって、感動の瞬間ですからね。宝の時ですね。

齊藤　はい。僕たちの力はしれていますが、感動することはホント日々たくさんある。うまくいかない壁があって、でも誰かが助けてくれて、いろいろな人とつながってという、その繰り

海岸清掃

返しが続いています。
橋本　成功体験をもう少し教えてください。
齊藤　ここは島なので、漂着ゴミが多いんです。ずっーと海岸清掃をしたいと思っていて、費用を確認したら三十五万円掛かるといわれました。それで、クラウドファンディングで四十万円くらい集めました。応援団もどんどん集まってきて、羽幌町のロータリークラブさんは「うちで重機とオペレータ出すよ」と言ってくれるし、フェリー会社さんも「ゴミを運ぶ運賃は協力するよ」って。
橋本　どんなゴミがあるのですか?
齊藤　もちろん漁網とかもあるし、家電や、テトラポッドにいろいろな物がからまっていますので、そこからロープで引き抜くとかしないと。ホント大変でした。結局、危険なゴミはトラック一台分、燃えるゴミ以外のゴミはフレコンパック三十個分で、フェリーへの積み込みに時間が掛かり過ぎて、フェリーの出航が

シーカヤックツアー

遅れてしまいました。でも、何がうれしかったかって、たくさんの皆さんが応援してくださったことです。地元の子どもたちから近所のおばあちゃん、島外の応援団の方々など二日間で百二十人くらい手伝ってくれました。そして、漁協の婦人部のお母さん方が、きれいになったその海岸でおにぎりと海岸でとれるフノリのみそ汁を大量に作ってくれて、皆んなでお昼をいただいたんです。仲間の漁師たちは「以前は沖からゴミしか見えなかったのに、きれいになったね」と言ってくれるし。今ではそこは体験観光のシーカヤックのエントリー場所です。

橋本　「何もしない方が得」と考えていた齊藤さんたちの大変身ですね。

齊藤　天売高校の存続も大きなテーマです。ここの小・中学生は今、十三人か十四人くらいしかいないんです。海士町の隠岐《おき》島前高校《どうぜんこうこう》も廃校寸前だったそうですが、高校を存続させるために皆んなで考えて、「残すために何とかするのではなく、子どもが行きたい、親が行かせたい、魅力ある高校づくりをしよう」という考え方に切り替えて、今や日本中から生徒が集まり、百八十人くらいが学んでいるそうです。僕らも天売高校の同窓会やPTA、教育委員会の方々に協力を求めて、島外からの生徒募集を島の人たちに訴えたのですが、スムーズじゃありませんでした。「誰が子どもの面倒を見るんだ」とか「勝手なこと言うんじゃねぇ」とか、すごかったんです。しかし、羽幌町が島に学生寮を作ってくれて、東京や札幌から留学生がやって来ました。まぁ、一番怒っていた人が、最初に島外の子どもさんを受け入れてくれましたね。やっぱり、学校があるということは地域にとっては大切なことですからね。

橋本　お話を聞いていて、齊藤さんは寺沢先生から何か意味のあるバトンを渡されたようですね。そのバトンは、どんなバトンだったと思いますか?

齊藤　僕は年に一度、東京・池袋で開かれる、全国の離島の祭典「アイランダー」に行くんです。全国から三百くらいの離島が集まるのですが、そこに出展しても天売島にしかないものがあるんです。やっぱり海鳥……、特にオロロン鳥は天売島にしか棲んでいませんし、百万羽のウトウが繁殖しているのは、世界中探してもない環境です。足の赤いケイマフリは、知床などでも見られますが、圧倒的に天売島が多く、きれいですよ。

ウニ漁に忙しい漁師さんたちは、頭上を飛び交う鳥のことなんか眼中にないほど夢中ですし、また、だからこそ海鳥も警戒しないんですよね。その距離感と言うのは、天売ならではだ

東京アイランダーでの齊藤さん（右端）と寺沢先生（真ん中）

と思います。小さな島ですが、世界中どこにもない、自慢できる島です。それを僕たち島民が自覚し、今ある環境の意味と価値を伝えていくことですかね。

☆☆☆

　齊藤さん達の活動拠点である羽幌町は今、SDGs（持続可能な開発目標）を意識して「シーバード・フレンドリー認証制度」をつくり、海も陸も環境に良いものを生み出し、取れたモノの付加価値を高めようとしているそうです。例えば、漁網は海鳥のかかりにくい、魚だけがかかる網を開発中だとか。まさに〝天売島から世界〟への発信です、いずれは齊藤さんたちのバトンを受け取る若者を見つけることでしょう。

（二〇一九年一月、二月放送）

百年後の地球環境のために北海道から雪氷エネルギーを発信する

NPO法人 雪氷《せっぴょう》環境プロジェクト
理事長 小嶋英生《こじまえいせい》さん

冬の北海道で、ときには生活に支障をきたす雪と氷を利用し、豊かな北海道づくりに情熱を注ぐ、室蘭市生まれの小嶋さん。平成十八年、NPO法人「雪氷環境プロジェクト」を立ち上げ、理事長に就任、農業分野だけではなく、さまざまな分野に雪氷冷熱を生かそうと訴え、大きなに夢をかける。人間の考えることで実現できないことはないと、少年のように瞳をキラキラと輝かせ、北海道の可能性を語ってくれた。

新エネルギー法に「雪氷エネルギー」を追加するために奔走

橋本　雪や氷をエネルギーにしようと活動する「雪氷環境プロジェクト」についてお話してください。

小嶋　はい。それではその歴史からお話しします。もともと農産品を備蓄、貯蔵する話から始まります。平成九年に新エネルギー法が成立しましたが、すでに平成八年には沼田町に「スノークールライスファクトリー」という、雪を利用したお米の倉庫が完成していたのにもかかわらず、新エネルギー法の中に雪や氷が入っていなかったのです。そこで、北海道内だけでなく、東京在住の著名な方々にお力添えをいただき、活動をスタートさせました。しかし、東京の方々からは、雪をエネルギーに使いたいと言ってもご理解いただけなくて、私の一番の応援団である小泉純一郎さんも「エッ？　雪がエネルギーって。お前、スキーに行くわけじゃないよな」と言うので、詳しく説明したら「エッ？　そんなことが始まっているんだ」という話になりました。その流れで平成十三年に政府の総合資源エネルギー調査会の新エネルギー部会で、雪氷エネルギーについて発表する場をいただきました。「雪冷房」という言葉を生んだ室蘭工業大学の媚山政良《こびやままさよし》先生が説明してくださいました。

橋本　雪や氷がエネルギーになるのは、イメージとしてすぐに結びつきませんから、理解していただくのが難しいですね。

小嶋　そうです。それで実際見て体感していただかないとわかってもらえないだろうと、当時の新エネ対策課の方々に北海道に来ていただき視察してもらいました。そして平成十四年一月の小泉内閣で閣議決定し、同年四月一日から雪氷エネルギーを導入する施設の設備部分に三分の一の補助が行われるようになったのです。

そして、この法人が設立されたのが平成十八年八月。メンバーは北海道の方々だけでなく、本州の皆さんも賛同して活動してくれています。ジャーナリストの木元教子さんが会長で、橋本さんには副会長をお願いしています。私は理事長です。

橋本　私は今から二十年ほど前に、小嶋さんが食糧備蓄のために、冷熱エネルギーを利用しようという活動をしているのを知り、面白いことを一生懸命にしている方がいらっしゃるのだと注目していました。

道内各地で雪氷の利活用が進み、普及にも弾み

橋本　雪氷が新エネルギーになる前から、農家の皆さんは雪の力を研究されていたそうですね。

※北海道経済産業局資料より「COOL ENERGY 5（平成24年3月）」

じゃがいも低温貯蔵

洞爺湖町

洞爺氷室研究会＜潜熱利用型野菜貯蔵実験施設＞　雪搬入　自然対流方式

実験施設の中に雪を蓄え、その冷熱を利用して野菜類（馬鈴薯、長芋、人参等）を長期貯蔵し、端境期に出荷。貯蔵室内の適度な湿度が、野菜類の皮の乾燥状態を防ぐ役割を果たしている。

所在地　：虻田郡洞爺村字成香42番地１
完成年度：平成５年度
施設規模：面積約83㎡
貯雪量　：70t
連絡先　：洞爺村産業課（TEL：01428-2-5111）

帯広市

農業生産法人テクノ・ファーム＜HP型実用凍土低温貯蔵庫＞　人工凍土　自然対流方式

ヒートパイプ型実用凍土低温貯蔵庫は、帯広畜産大学のモデルプラントで20年をかけての実証結果をもとに、帯広市八千代町に2006年11月に建設したものである。この低温貯蔵庫内には60トンの馬鈴薯（メークイン）が貯蔵され販売されている。低温貯蔵によって馬鈴薯の糖度は３～４倍に増加することから付加価値が加えられている。貯蔵期間は翌年の６月末までなので、永久凍土化の必要がないなどでヒートパイプ数が81本に縮小させることができた。

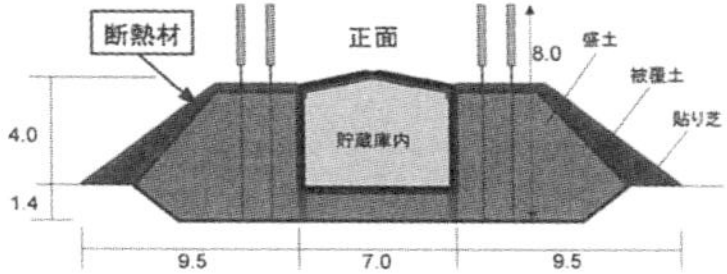

所在地　：帯広市八千代町基線176-1
完成年度：平成18年11月
施設規模：地上盛土式の平屋　貯蔵面積109㎡
ヒートパイプ本数：81本
連絡先　：(有)テクノ・ファーム
　　　　（TEL：0155-53-6511　FAX：0155-53-6522）
協力者　：帯広畜産大学 土谷研究室（TEL：0155-49-5511）

小嶋　はい。例えば、洞爺湖町には氷室研究会というのができていました。初めは農協でつくってもらいたくてお願いしたそうですが、理解が頂けず農家十四軒で百万円ずつ出して氷室をつくったそうです。これは雪室《ゆきむろ》のことで、ここに一〇〇トンの雪を入れて一〇〇トンのジャガイモを保冷する。春から夏に出荷すると、夏場は空くので今度は野菜を一晩そこに寝かせると、「棚持ち」が良いと評判になったそうです。

橋本　タナモチ？

小嶋　スーパーの棚に置いても劣化しにくく、長持ちするという意味です。しかもおいしい。

橋本　雪氷でねかせた野菜は、どうしてあんなにうまみが深くやさしい味になるのでしょうか。

小嶋　脂肪酸度が上がらないからです。脂肪酸度とは、農作物に含まれる脂肪の酸化度で、低いほど新鮮な状態で雪氷貯蔵すると、この脂肪酸度の増加が抑えられ新鮮な状態が保たれるのでおいしいのです。

洞爺湖町以外でも冷熱エネルギーを活用しているのは、幌加内町のソバ倉庫、倶知安町のバレイショ倉庫、別海町の苗木低温貯蔵、ニセコ町の米倉庫、沼田町は花屋さんでも使っています。花の鮮度の維持、色持ちや日持ちが良いらしい。旭川市の科学館「サイパル」の冷房、新千歳空港では国際ターミナルの冷房、札幌のある斎場では、控室などの冷房に使っています。札幌市円山動物園ではレッサーパンダ舎の冷房、札幌市モエレ沼公園のガラスのピラミッドも、ピラミッドの北側に冷房用の雪を入れる倉庫があり、美唄の老人保健施設でも活用していますよ。

農作物では付加価値がつきます。例えば、全道のジャガイモの二割を雪保全して出荷すると、一三二億円ぐらいの売上増加につながるというデータも出ています。

橋本　データが出ているのに、なぜ全道の農家さんが雪を使わないのでしょうか？

小嶋　やはり手間暇がかかるからだと思います。まず施設を造るのにお金がかかります。そこに雪を入れたり出したりするのも大変です。

ある市長さんが私の取り組みに共鳴してくれて、自分のマチでもやりたいから説明してほしいと部下を寄こしてきたのですが、部下の方々にしてみれば「スイッチ・オン」で済む電気冷蔵庫の方が楽ですし、先行している市町村があるので二番煎じはやりたくないというのが本音のようです。

雪室でねかせた日本酒のおいしさを紹介する小嶋理事長

橋本　いろいろな考えがあるのは当然ですが、残念ですね。

小嶋　台湾、香港、シンガポールなどのアジアへ市場調査に行ってみると、北海道の農作物は高い評価を受けています。この雪氷貯蔵加工の農産品は、絶対に世界で売れると思っています。いま北海道はチャンスだと思うのですが、それをチャンスだと思わない人もいる。これから後はどうやって売っていくかだと思いますが……。

電気代が大幅カットの雪氷冷熱新エネルギー

橋本　雪氷冷熱エネルギーは、新エネルギー法上の位置付けはどのようになっていますか？

小嶋　新エネルギーは「熱利用分野」と「発電分野」に分かれ、太陽光や風力、バイオマス、地熱などが「発電分野」に分類されます。太陽熱利用やバイオマス熱利用、温度差熱利用などの仲間に雪氷熱利用があり、これらが「熱利用分野」です。

雪を利用した貯蔵施設は「貯蔵庫型」と「雪山型」に分けられ、「貯蔵庫型」は施設規模が大きく、初期の建設費にお金がかかりますが、「雪山型」は規模が小さく、初期の建設費が安いのが特徴です。

橋本　雪山型といえば、沼田町でみた雪山は黒かったですね。

小嶋　あれは、バーク材といって木のチップなのです。三十センチほどの厚さのバーク材をかぶせておくと、雪の冷気と雨風でだんだん断熱材になるのです。一シーズンで十メートルほど積んで、およそ二メートルくらい減るでしょうか。ですから八メートルは残ります。東京では

■雪を活用した冷房・貯蔵施設について

※北海道経済産業局資料より「COOL ENERGY 5（平成24年3月）」

- 北海道経産局資料によると、平成22年6月現在、雪・氷・凍土を活用した冷房・冷蔵施設は全国で140箇所、そのうち北海道内には65箇所立地している。
- 雪を利用した貯蔵施設は、「貯雪庫型」と「雪山型」に大別される。また、雪山型の利用形態は、「冷風利用」「冷水利用」「冷熱用雪の供給」の3種類がある。

貯雪庫型

※施設規模が大きく、初期の建設費が高い

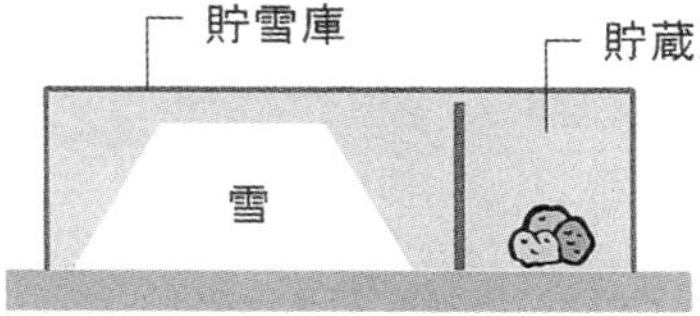

雪山（雪堆積場）型

※施設規模が小さく、初期の建設費が安い

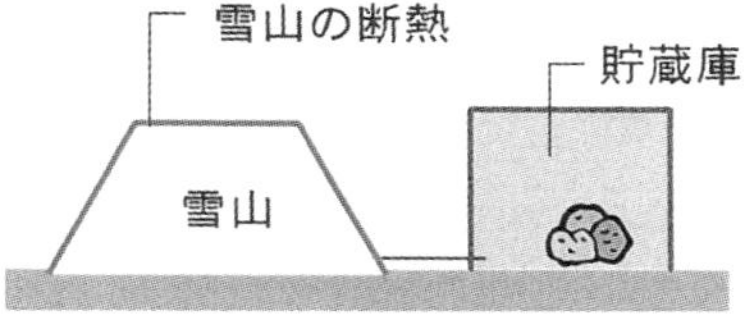

雪山型の利用形態

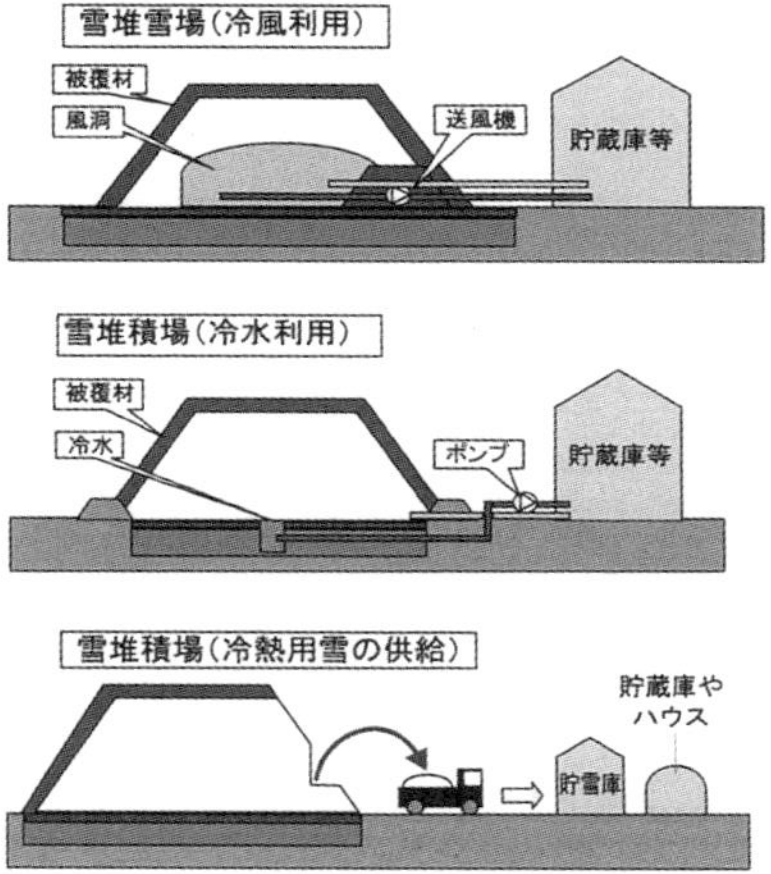

■雪を活用した冷房・貯蔵システムの実例

※北海道経済産業局資料より「COOL ENERGY 5（平成24年3月）」

老人ホーム

熱交換冷水循環方式　　貯雪量４９７トン

所在地　：雨竜郡沼田町旭町
完成年度：平成14年度
（和風園は15年度に改築完了）
施設規模：【和風園】
鉄筋コンクリート造り３階建
（延べ床面積約1,270㎡）
貯雪量　：497t
連絡先　：沼田町養護老人ホーム和風園
（TEL：0164-35-2449）

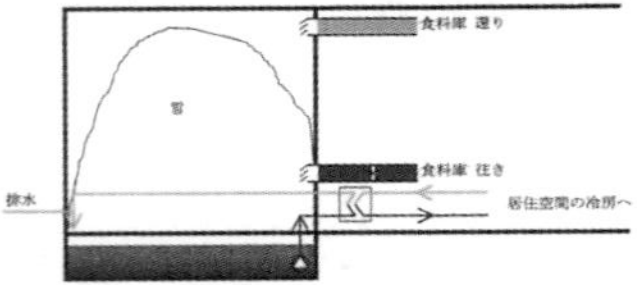

老人ホーム

直接熱交換冷風循環方式　　貯雪量１２１トン

美唄市＜老人福祉施設ケアハウス・ハーモニー＞　雪搬入　直接熱交換冷風循環方式

●施設の特徴
1．オープンスペースと食堂に快適で爽やかな雪冷房を提供
2．空気中の塵・埃、水溶性ガス・アンモニアなどを雪表面で除去
3．施設と貯雪庫の間に道路があるため、ダクトを地中埋設とした

雪冷房導入スペース

施設隣の貯雪庫に雪入れ

所在地　：美唄市東７条南２丁目５番23号
完成年　：平成14年度
施設規模：鉄筋コンクリート造 一部３階建て
貯雪量　：121t
連絡先　：（社）恵和会（TEL：0126-63-0533）

※北海道経済産業局資料より「COOL ENERGY 5（平成24年3月）」

老人ホーム

直接寝付こう慣例風循環方式・熱交換冷水循環方式　　貯雪量３００トン

社会福祉法人　南静会
＜介護老人保健施設「コミュニティホーム美唄」＞

雪搬入

直接熱交換冷風循環方式
・熱交換冷水循環方式

敷地内の雪を貯雪庫に蓄え、直接熱交換冷風循環方式及び熱交換冷水循環方式を併用し、7月から8月にかけて館内を冷房している。

直接熱交換冷風循環方式については、貯雪庫からの冷風を戻り空気と混合させ送風温度を17℃に調整し、デイルーム等を冷房している。

熱交換冷水循環方式については、貯水槽（20㎥）にためた貯雪庫内の雪の融解水を汲み上げ、熱交換器で2次側の循環水を冷却し、ファンコイルユニットによって事務室等を冷房している。

新エネ大賞
新エネルギー財団会長賞
導入事例の部
雪冷熱エネルギーを利用した
介護老人保健施設
「コミュニティーホーム美唄」

外観

所在地　：美唄市東５条南７丁目
完成年度：平成11年度
施設規模：鉄筋コンクリート１階建
　　　　　延床面積約4,250㎡
貯雪量　：約300t
連絡先　：コミュニティホーム美唄
　　　　　（TEL：01266-6-2001）

システム概要図

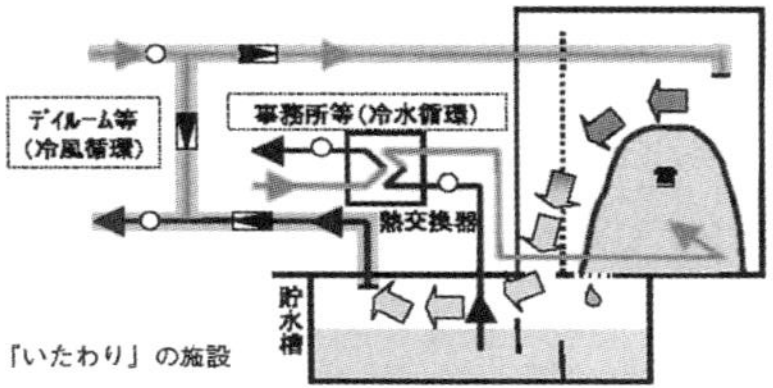

●施設の特徴
1．盛夏に快適な環境を提供する全国に例のない「いたわり」の施設
2．初の全空気方式と冷水循環式の併用型を導入
3．雪によるフィルター効果で「におい・塵」や水溶性ガスを除去できる

どれくらい残りますかね、七メートルほどでしょうか?。バーク材をのせるのは、ちょっと手間がかかりますが、手間を惜しむか惜しまないかですね。

橋本　熱交換の方式も単純ですか?

小嶋　雪山や貯雪庫と、農作物の貯蔵庫との間を送風機などで冷気を循環させる「全空気方式」と、雪解け水や冷却された不凍液を循環させて熱交換機を使って、温湿度調整し送風機で冷房する「冷水循環方式」があり、そして特別な機器を使わないで、雪の冷気を貯蔵庫や断熱シートの中で自然対流させる「自然対流方式」があります。電気をどのくらい使うかというと、送風機が関わるとその分だけですが、まぁ、電気代は電気冷蔵庫に比べて九割はカットできると思います。

利用者は雪氷エネルギーのメリットを実感

橋本　設置している所で冷気に当たると、電気を使ったクーラーよりも柔らかい空気を感じます。

小嶋　そうです。適当な湿度がありますからね。五〇%くらいの湿度があれば体に良いのです。それから雪の冷房ですと、アンモニア臭やチリ、ホコリも吸収しますので、喉、鼻にも良いはずです。

実は洞爺湖町の氷室研究会のお母さんたちは、電気冷蔵の倉庫で袋詰め作業をしていたときは肘《ひじ》や膝《ひざ》が痛かったけれど、雪冷房に変えたら「大丈夫、痛くなくなって作業がしやすい」と言うのです。どこかのお医者さんに、このことを調べてもらい、データを取ってくれないだろうかと思います。

橋本　老人の施設でもメリットを発揮しているようですね。

小嶋　はい。雪冷房の入っている夏場に身内が会いに訪れた人たちによると「すごく空気がさわやかで清潔な所に入れてよかった」と喜んでくれたのに、雪冷房を止めた九月以降、訪ねてくると「何か匂《にお》うわネ。お掃除手抜きしているんじゃない」となるそうなのです。これは実体験です。雪は匂いを吸収するので、この辺を誰か研究して発表してくれたら、雪や氷のパワーも浸透するのではないでしょうか。

この雪氷熱利用は、すぐに広まらないでしょうから、農家さん、農協さんに説明して口説いて時間をかけて、一つ一つ作っていく以外にないだろうと思います。

不可能を自分で決めつけない
人はイメージできることは現実できる

小嶋　私たちが今、札幌市に提案しているのは、雪捨て場の雪山を溶かさないで、冷熱エネル

秋元克広札幌市長（左）と小嶋理事長。雪氷熱利用の冷房体験会で

ギーとして活用することです。札幌市の除雪・排雪費用は昨年（二〇一三年）は二二〇億円かかり、今年（二〇一四年）も一九七億円かかっています。雪山をエネルギーとして使うことを考えるチームをつくり、市役所の一部の人だけで考えるのではなく、市民の代表者や有識者も入れて、雪山をどう活用するか、検討チームがあっても良いのではないかと思います。

もしも北海道で穫れるお米の二割を雪氷貯蔵することで、付加価値が向上した場合、道内に約一六〇億円の経済波及効果があり、雇用者所得は五五億円増加し、八億円の税収増加が図られるという農水省の研究の成果発表があります。

橋本　確かにすごいですね。今までマイナスだったものが、考え方を変えることでプラスに転じることはよくあります。雪も厄介者ですが、使い方次第では宝物になるのかも……。

それにしても小嶋さんのお話を聞いていると「不可能を自分で決めつけてはいけない」と、叱られた気分になりますね。

小嶋　僕はね「ダメだ」と思ったことがなく、いつも「何とかなるんじゃないか」って。「考えること」は「実現できること」だと思っています。

「信」「義」を学んだ代議士秘書時代

橋本　小嶋さんのプライベートも教えてください。お話を伺っていると年齢不詳、永遠の少年のような、ほとばしりを感じますが……。

小嶋　生まれも育ちも室蘭です。高校時代は札幌に住んでいました。後はずっと東京に行っていました。昭和三十年の終わりから四十年代にかけて、室蘭出身の衆議院議員、南条徳男先生の秘書をしていました。

南条先生は岸信介さんの大学の同級生で、岸内閣を立ち上げたときの中心人物。福田内閣をつくりたいと福田赳夫先生を囲む会の座長も務めた人です。

橋本　いろいろな意味で日本国民に勢いがあった時代で、皆んなが一生懸命に働いていた頃ですね。

小嶋　はい。私もモーレツに働きました。夜、必ず行ったのが、当時の大蔵省と農林省と建設省。毎週一回、夜六時半頃から勉強しに行きました。北海道のいろいろな所から上がってきた案件を、自分で勉強するために役所に行くのです。朝は午前八時から南条先生とホテルや自民党本部での勉強会がありました。それはモーレツな勉強量でした。政策を聞いてから、それを地元に置き替えたときにどうなるのか、省庁と対抗してでも、地元を活かすためにどのような政策をつくったらよいか、などと考えていました。

橋本　では、いずれ政治家として国会に出ていきたいという思いもお持ちだったのでは。

小嶋　はい。それはあったかも知れません。当時、同じ北海道の佐藤静雄さんと小泉純一郎さんと私の三人が一緒に秘書をしていました。小泉さんと佐藤さんは福田赳夫先生の秘書です。三人とも早朝から夜半まで、それは走り回っていました。

橋本　その当時、学んだことは何だったのでしょうか。

小嶋　やっぱり「信」と「義」を重んじることです。私は中学校を卒業するとき、校長先生から『春風を持って人に接し　秋霜をもって身を粛《しゅく》せ』、つまり「人様には春風のように温かく接して　自分については秋の霜のように　厳しくなさい」という意味の言葉をいただきました。

橋本　と言うことは、割とけんか早いほうだったのでは。

小嶋　早かったですね。もう誰とでもすぐにパッと……。ハッハハハ。

☆☆☆

小嶋さんは、二〇二〇年の東京オリンピック・パラリンピックで、北海道の冷熱エネルギーを使い、真夏の東京で桜の花を咲かせたいと言うプロジェクトに参加しているともお話してくれました。その後東京オリンピックは延期の発表がありましたが更に準備に時間をかけて雪氷を使った冷熱エネルギーの活用を再考しているそうです。

国内に降る雪の〇・二%をエネルギー利用すると、一〇〇万キロワットの発電所十五基分に相当するとの試算もあるそうです。百年後の地球のために、雪氷エネルギーをもっと活用すると、地球サイズでみても、札幌は降雪量の多い都市づくりのモデルケースになります。

（二〇一四年八月、九月放送）

北海道美唄から世界初の〝雪を売買する町〟をつくりたいと願う雪ビジネスのリーダー

株式会社　雪屋媚山商店
代表取締役 番頭　本《ほん》間《ま》弘《こう》達《た》さん

道内大手ゼネコンに勤務していた建築技術者だったころ、雪冷房の仕事に関わったことがきっかけで、雪の持つさまざまな可能性に心を引かれた。その後、東日本大震災を契機に建設会社を退職し、日本唯一の民間雪冷房専門設計・コンサルタント会社「雪屋媚山商店」を二〇一二年に美唄で設立。

社名は、雪氷冷熱研究の第一人者、媚山政良室蘭工大名誉教授の名前からいただいた。

「棟梁」の媚山先生から指導を受けながら、雪ビジネスにまい進する。

洞爺湖サミットのメディアセンターで雪冷房

本間　自分の会社は、日本で唯一、設計屋さんとして雪で生業《なりわい》を立てている企業です。当然営利を目的とし、もうけなきゃいけません。

橋本　〝雪屋〟とは面白い。雪が主役ですね。

本間　そうです。雪冷房だけをやるって「雪屋」宣言をしました。でも、最初は雪冷房の仕事も少なかったので、年に一つ大きな仕事が取れればいいという感じでした。二〇〇八年七月に開かれた北海道洞爺湖サミット辺りから、ぼちぼち増えてきました。自分は雪の担当者として、留寿都村のメディアセンターに雪を入れて雪冷房を稼働させました。メディアセンターなので、多くのマスコミが取り上げてくれました。そして、そのときにおまけとして雪に貯蔵しておいた桜の木に花を咲かせて、首脳のおもてなしをしたのです。これも話題になりました。

橋本　それは、桜にどんな操作をするのですか?

本間　桜の木にちょっとだけ蕾《つぼみ》が出来たくらいのときに雪室の中に入れて、ゼロ度近い状態で保存しておいて「春はまだだよ」と、だますんです。そして、満開日の一週間くらい前に出すと、本番で満開になるという仕掛けです。

これは「積算温度」といって、毎日の平均気温を足して二〇〇〇度くらいになると、パカッと咲くんです。ですから、サミットのときの七月七日に咲かせたかったので、逆算して七月一日に雪室から出して満開の桜でおもてなしができたのです。

橋本　本間さんは、雪冷房の技術屋として新千歳空港やモエレ沼ガラスのピラミッドなど数々手掛けていますが、どういういきさつで〝雪屋〟をするようになったのですか？

本間　親父が大工だったので建築屋になろうと思い、室蘭工業大学で建築を勉強して建設会社に入り、設計の仕事をずっとしていたのですが、八年目のときにマンションの技術開発の担当として研究開発部門に応援に行くことになりました。そのときにモエレ沼のガラスのピラミッドを会社が受注したのですが、取ったはいいけれど、まだ雪冷房は経験がなかった。そこで「お前、とりあえず雪をやれよ」と言われて、初めて雪の勉強を一から始めたのです。雪エネルギー先進地の沼田町や美唄市など、雪で頑張っている自治体に勉強に行ったり、いろいろな情報を集めていると、母校の室工大に媚山先生という、この世界では権威

サミット雪中桜

の先生がいらっしゃることがわかり、通って勉強しているうちに自分自身が雪にはまってしまって設計よりそっちの方が面白くなって、会社の中で「雪屋になる」と雪屋宣言をしたのです。

実は会社を辞めようかと悶々《もんもん》としているとき、3・11の震災があって、すごい衝撃を受けました。何と言うのでしょう。人間の力のはかなさ、逆に言うと自然の力の大きさ。自分もいつ死ぬかわからないから、今できることを、しなければならないと意を決して、翌年の三月十一日に、先生の名前をいただいて「雪屋媚山商店」を設立した次第です。

あの震災のとき、ACジャパンのコマーシャルで「捨てられる雪も、見方を変えれば味方に変わる」というのが、何回も放映されていました。それを見て「これは自分に言っている。自分がやるしかないんだ」と思ったのも会社をつくった理由の一つです。

橋本 「見方を変えれば、味方に変わる」のコマーシャルですね。本間さんのように設計の仕事ができて、雪冷房のメカニズムがわかるとなると強味ですね。

本間 そうです。媚山先生の専門は機械工学で、雪冷房は機械なんです。自分は、もともと建築が専門なので、機械がわからなくて大変でした。しかし、勉強させていただいたおかげで「建築」も「機械」も知っているということで、雪冷房の施設などに建築の要素を取り入れながら、これまでできなかったことも安く仕上げる工夫もできるようになったのです。

だから、皆さんが相談してくれるんです。一番多いのは農家さんの庭先に作る納屋みたいもので、自分のところでとれたお米やジャガイモを雪で保存する建物ですね。お断りしてしまうと、皆さんは諦めて「じゃあ仕方がないからエアコンでやろう」と。これは雪の普及に良くないと思って手伝っています。

雪の力を活用して電力コストを大幅削減

橋本　あまり知られていませんが、雪はいろいろな力を持っていますね。

本間　はい。臭いや音を消したり、ごみを吸収する力があります。臭いを消すというのでは老人施設などで利用されています。それから雪解け水は「クラスター」といって粒がとても小さく、普通の水より浸透力が強いのです。つまり、粒が小さいのでよく浸みるのです。そのため例えば切り花の花瓶の中に水道水を入れるより、雪解け水を入れた方が長持ちするとか、うどん屋さんが雪解け水を使って練り込むと早くゆで上がる。なぜかと言うと、浸透力が強いので水が奥まで行くのです。当時、この技術で十勝管内の池田町のカップ麺屋さんが雪解け水を使ってカップ麺を作って、通常は三分間でゆで上がらないような太麺も可能になり、全国に販売したこともあります。全国のコンビニやスーパーに出ていました。パスタみたいなのが、普通の即席麺でできたのです。

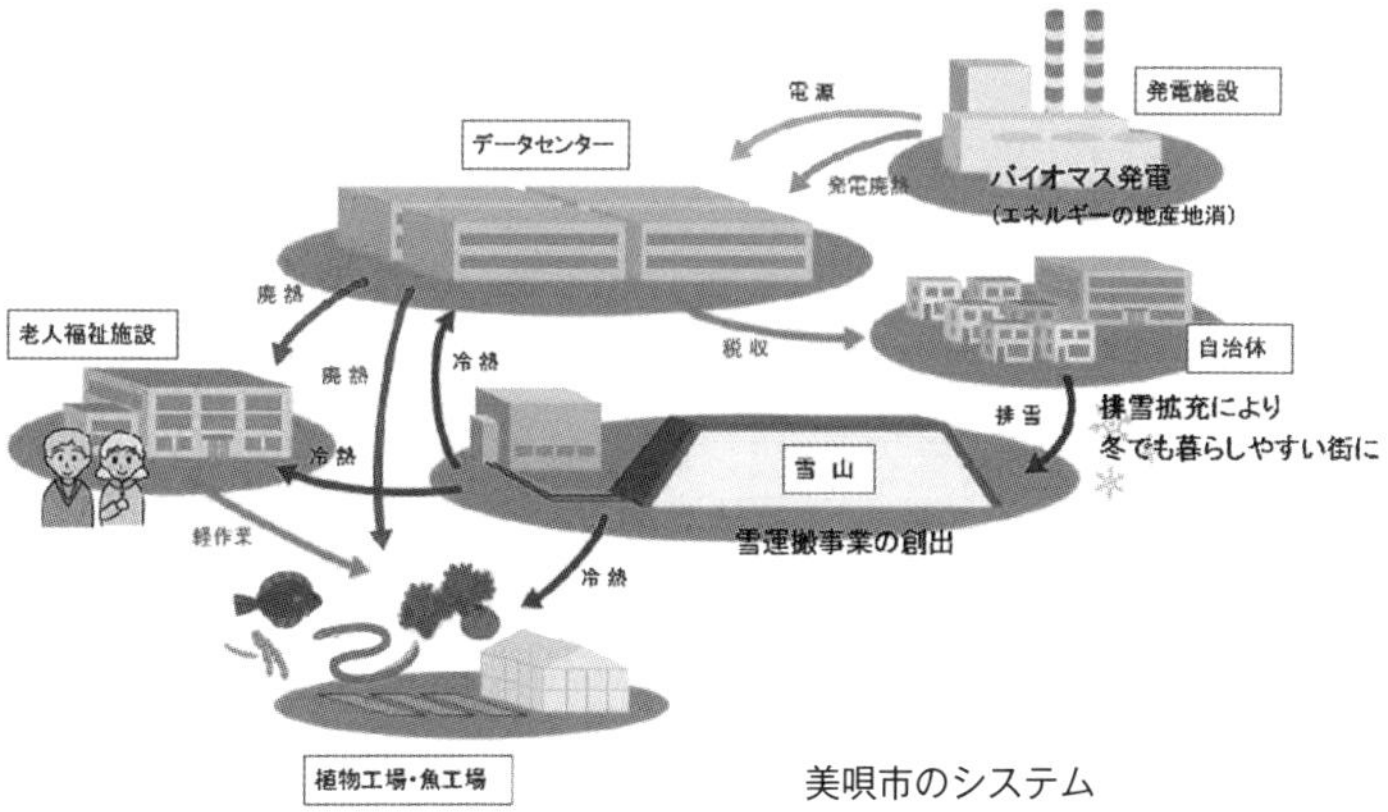

美唄市のシステム

橋本　えっ、気付きませんでした。カップに〝雪解け麺〟とか大きく書いてくれたら、アピール力も増すのにね……。

本間　〝雪解け水〟は、どこにも書いてなかったですね。

ところで、先日橋本さんも視察に来た、美唄市のデータセンターというサーバーの倉庫も雪の力を利用しています。美唄のは、国のＮＥＤＯ（国立研究開発法人　新エネルギー・産業技術総合開発機構）という機関の五年の実証実験です。後一年半は残っています。（二〇一七年現在。二〇一九年三月終了）コンピューターのサーバーからは、すごい熱が出るのですが、電気で冷房すると電気代がかなり掛かります。そこで近くにある雪捨て場の雪を利用して、雪冷房で電気代を抑えるという研究です。

実は、雪冷房は全国で一四四カ所（※北海道経済産業局「雪氷熱エネルギー活用事例集五」平成二十四年三月）あるのですが、道路の排雪を使っている事例は、ほとんどありません。なぜかと言うと、除排雪の中にはゴミ、泥、ペットボトルなど、いろいろ物が混ざっているのです。その中で一番厄介なのが融雪剤です。融雪剤の成分はほとんどが塩分で、塩化カルシウムが含まれています。ポンプや配管が錆びてしまうので、皆さんは使いづらくて使っていないのですが、融雪剤を含んでいる道路や雪捨場の雪も利用できる技術がいま美唄市で開発されていて、これでデータセンターを冷やすのです。

橋本　えっ？　その辺りを、もう少し詳しく教えてください。

本間　美唄のは「ホワイトデータセンター構想」といいます。データセンターは、東京近郊にたくさんありますが、土地代が高い。その点、北海道なら大丈夫です。

自分もスマートフォンを使っていますが、スマホの中にデータが残るのではなくて、皆さんの使ったデータは契約している会社のデータセンターにどんどん蓄積されていくのです。例えば、グーグルのいろいろな情報を使っていると思うのですが、それは、皆さんのスマホの中にデータがあるわけではなくて、グーグルのデータセンターにあるのです。自分もフェイスブックをやっていて、今日食べたくだらない写真など、どうでもよいものをパシャッ、パシャッと撮ってアップしていますが、それはフェイスブックのデータセンターに蓄積されているのです。だから、世界中の皆さんの分が膨大に保存されなければいけないのですが、コンピューターはすごく電気を食うんです。今、年四％の成長率でデータセンターが増えています。情報量に比例して電気代も上がりますし、サーバーも必要となれば、何か新しい省エネ方法を考えなければなりません。
もっと詳しく言うと、サーバーは一ラック、二ラックと棚で数えるんですが、あれ一つが、五～一〇キロワットも電気を食う。例えば、五キロワットであれば、電子レンジ五台が二十四時間三六五日、ずっと動いている計算です。それが、何千ラックとなると、もうとんでもない電気を食うんです。今、計画しているのは、三千ラックのデータセンターですが、この場合、東京では年間三十億円の電気代、そのうちの半分に当たる十五億円がコンピューターを動かす電気代で、残りは空調の電気代。エアコンで冷やさないと壊れますからね。それで、その十五億円はもったいないので、どうせなら捨てる雪で冷やしてしまおうというが今の計画です。
この実験は、うまくいくのがわかっています。今の時代、失敗するかもしれない実験に、国はお金を出してくれませんからね。

橋本　雪冷房を使うと、結局掛かる費用はどうなるのですか？

本間　電気代は五～一〇％になります。九〇％以上の削減効果です。ただ、設備を導入する費用やイニシャルコストがエアコンよりちょっと高くつきます。設備費は安いのですが、雪を入れる箱をつくるからなんです。でも、これを雪捨て場の雪山を利用すると掛かりません。雪を捨てる予算の中で作ってしまえば雪運搬費も掛からないですし、雪山の断熱だけすれば使えます。今、美唄でやっているデータセンターの計画ですと年間十五億円の空調電気代が、三億円で済みます。毎年十二億円も浮くんです。

雪冷房と廃熱利用で、人工海水を使用した鮑の養殖に取り組む

橋本　今まで厄介者だったものが、資源、エネルギーになるんですね。

本間　まだあります。冬場にサーバーから熱を回収して暖房の熱源として植物工場と陸上養殖に使用する実験もしています。データセンターのすぐ近くにビニールハウスがありましたよね。あそこでやっています。植物工場はホウレンソウや小松菜などの葉物、陸上養殖は鮑《あわび》です。美唄は海がないのですが、人工海水を使って鮑を飼っているのです。味見もしましたが、普通においしいです（笑）。ゆくゆくは、ナマコもやってみようと検討中です。これらを乾燥させて、中国や台湾辺りに売ると結構なビジネスになりますよ。海のない美唄に漁協ができるかもしれません（笑）。サーバーの廃熱をもらって温めれば、光熱費はタダみたいなものです。

橋本　お話を聞いていると、これから雪が「小判」に見えてきますね。

本間　そうですね。雪のエネルギー価値は一トンで約八百円くらい。雪一トンの体積はだいたい二立方m……、昔のファスナーが付いた衣装ケース一個くらい、あれで八百円です。冬場は捨てるほどあるので厄介者ですが、夏まであれば八百円に変わるんです。雪捨て場は平均サイズが二十万トンですから、一億六千万円です。ですから、取っておいて使わない手はないと思いますが……。

今、除排雪予算は人口一人当たり年間一万円くらいなんです。札幌ですと二百億円くらいを毎年、雪を捨てるために使っています。それはしょうがないのですが、でも、その二百億円を、今度は電気代として返してもらえば良いだけで、それは無駄にはならないと思うのです。

雪を捨てることに費用を掛けることは、生活の利便性確保のために必要なことですが、「資源」という観点から考えると、とてももったいないですね。札幌には二十万トンの大きさの雪捨て場が三十一カ所（※平成三十年度札幌市データより）あります。先ほども言いましたが、雪捨て場のエネルギー価値は一億六千万円ですが、今は毎年ただ溶かしてしまっています。エネルギーとして活用しない手はないでしょう。毎年二百億円使っていますが、約五十億円は取り返せます。年間六メートルの降雪量で、二百万人が住む都市は世界で札幌だけです。もし、札幌が雪氷エネルギーを活用したら、世界に誇れる街になるでしょうね。

橋本　技術の力で思いを形にしている本間さんが、これから計画していることを教えてください。

本間　自分の会社は、美唄に本店があります。美唄のホワイトデータセンターで二十万トンの雪を使いたいのですが、美唄の人口は二万二千人で排雪予算が年間四億円、この四億円で八万トンの雪を捨てています。自分が使いたい雪の量は二十万トン、つまり、半分以上は足りません。どうすれば良いのか。そこで「雪を皆さんから買います！」と。先ほども言ったように雪のエネルギー価値は一トン当たり八百円。十トンダンプで運んで八千円。でも、八千円だと自分の商売が成り立たなくなるので、三千円でどうでしょう。今まで捨てるのにお金を掛けていた雪ですが、三千円くれるんだったら、持って来てくれるんじゃないですか？　そうやって、初めて雪を買う街になりたい。世界で初めて雪を売買する街。これまでゴミと思われていたものでも資源、エネルギーになるんだと思ったら買えるのです。

エネルギーと豊かな食料に恵まれた北海道、本当はヨーロッパの大きな国と同じように独立できるくらいの潜在力があります。自分は技術屋なので、技術の部分で北海道に貢献していきたいですね。そして、この地で「世界が見える田舎者」になりたいと思っています。北海道は面白いっ

2010年9月22日　キリマンジャロ登頂に成功

ス……。

☆☆☆

媚山先生の全国にいる教え子たちなどで組織する「雪の市民会議」や、多雪地・美唄市を中心に産学官で集う「美唄自然エネルギー研究会」などでも活動する本間さん。この美唄の研究会は、宴席で口にしたことは必ず実行するというのが暗黙のルールだそうです。あるとき、アフリカのキリマンジャロの万年雪が解けてしまいそうだというレポートを目にして、自分の目で確かめたいので「キリマンジャロに登山する」と酔った勢いで言ってしまい、本当に生まれて初めての登山経験をキリマンジャロで達成したそうです。当然、このとき媚山先生も同行したそうですが、研究というのは頭だけでなく、命懸けで体も使うのですね。この本に収録した小嶋英生さんのページも参考にしてください。

（二〇一七年八月放送）

六十兆個の細胞から作られる、小宇宙の人間の体に大宇宙からのエネルギーを頂き〝気〟を入れる

若石鈴足法協会総本部　総師
NPO法人 足揉み健康研究会　理事長

鈴木《すずき》弘勝《ひろかつ》さん

少年時代から夜の暗闇におびえ、人には見えない物が見えて苦しんだ鈴木さんは、それを振り払おうとやんちゃな道へ入り、ついには法務省のお世話にも……。だが、四十代半ばに一念発起して、中国五千年の歴史の東洋医学を学ぼうと、単身で台湾に渡り、足のツボを揉む「若石鈴足法」を編み出した。

（鈴木さんのことを皆さんが「大先生」と呼ぶので私もそのように呼んでいます）

足揉みは五千年も昔から東洋医学の原点

橋本　私は、大先生の所でしか足の裏を揉《も》んでもらったことがありませんが、痛いですね。私だけ、わざと痛くしているわけではないですよね？

鈴木　わざとじゃないよ（笑）。相手を見て、ここまでなら痛みを我慢できるだろう、日にちをかけないで治してあげたいな、治療が終わったときはそれ以上の喜びを得てもらおう、だから痛いのはさておき、我慢が出来る範囲で、ここまでは揉めるというところまで強くやります。強めの方が効きますよ、やっぱり。でも、テレビの罰ゲームなどで使われるくらいだから、揉まれる方は痛いんだろうね。

足揉みは、五千年も昔からの東洋医学の原点なんだよ。はり・きゅうも整体もあん摩も同じ「経絡《けいらく》」から生まれているからね。経絡とは何かというと、今風に言うと「代謝物質」。東洋医学で言う気や血、水など生きるために大切なものの通り道。経は動脈、絡は静脈で、西洋医学では「ツボなんかない」と言うけれど、血管には経絡という場所があり、動脈と静脈の間にちゃんとツボはあるんだよ。まずは「治ってなんぼ！」の施術をしないとね。

橋本　「若石鈴足法」とは何ですか？　鈴足は、鈴木さんがする足揉みの鈴足ですよね。では、若石というのは？

鈴木　創始者は何とスイス人神父のジョセフ・オイグスターという人です。台湾で足揉みをして多くの患者さんに喜ばれていたんだけど、エルサレムに赴任が決まったので、この施術を台湾の人に引き継いだんだね。それで神父の中国名「呉若石」から、一九八二年「国際若石健康研究会」というのが出来て、これが「若石健康法」なんだ。もともと東洋医学の原点で、五千年前には観趾法《かんしほう》と言われ、二千年後に足心道《そくしんどう》となって、今は「若石健康法」と呼ばれているんだね。日本では東洋医学の動きは遅いけれど、世界的に認められて国連本部にも授権《じゅけん》されているんだ。

橋本　足の裏を揉む……、足の裏って一体何なのでしょう。

鈴木　足の裏ってね、人間の体は六十兆個の細胞とその細胞が六十三のツボの中に収まっている、人間の体をそのまんま映し出しているところです。

橋本　誰がそんなことを言ったのですか？

鈴木　神様が五千年前の何もないころに、胃が悪ければ胃の所を治せばいいはずなのに、どうしてか、そのころ「足の裏」とした。これは、中国最古の医書で陰陽五行説を利用したといわれる「黄帝内経《こうていだいきょう》」にも出ている。

でも、知る方法がないから「神様が置いていったものだ」ということにしようという話になっているくらい。

それで、足というのは体の細部全部を表しているんです。足の裏の例えば、親指が頭と首、両方の足を合わせて親指の下から順に頚椎、胸椎、腰椎と尾てい骨の方までつながっているのです。

橋本　足のかかとが尾てい骨？

鈴木　そう。それでかかと自体は、男性の生殖器、こう丸でもあり、女性の卵巣。足の親指の隣にある人差し指と中指、これは目ですね。そして、薬指と小指が耳に当たる。首から上は、神経が交差しているので、右足が体の左に当たります。

心臓は、本当は身体的に言うと真ん中にあるから両足の真ん中辺りで良いけれど、実際には、どういう風に調べたかわからないが、実は足のツボとしては左側の端っこの方にあるの。体は腎臓が両方背中側にあって、その両脇に大腸があって、肛門もあり、肛門の下にさっき言った卵巣とこう丸がある。腎臓のすぐ隣、内側に胃腸が並んでいる。

橋本　足のツボで見ると、胃腸が土踏まずの所になるのですか？

鈴木　そう。ツボは脊髄の横に胃、膵《すい》臓、十二指腸が並んである。

橋本　足の裏に、人間の臓器が全部入っているということですね。そんな大事なのが、なんで大地を踏みつける足の裏に？　隠れた所にあれば、安心なのですが……

鈴木　フッフッ（笑）、そう全部入っています。胃腸に当たる土踏まず、偏平足のべったら足《あし》があるでしょ。あれは土踏まずがなくなって腸が弱いのです。ここは、本当は土を踏んではい

若石《じゃくせき》健康法 RWO-SHR HEALTH 國際若石健康研究會公認反射区図表

國際若石健康研究会日本分会ホームページ
http://www.jakuseki.jp

左足の裏

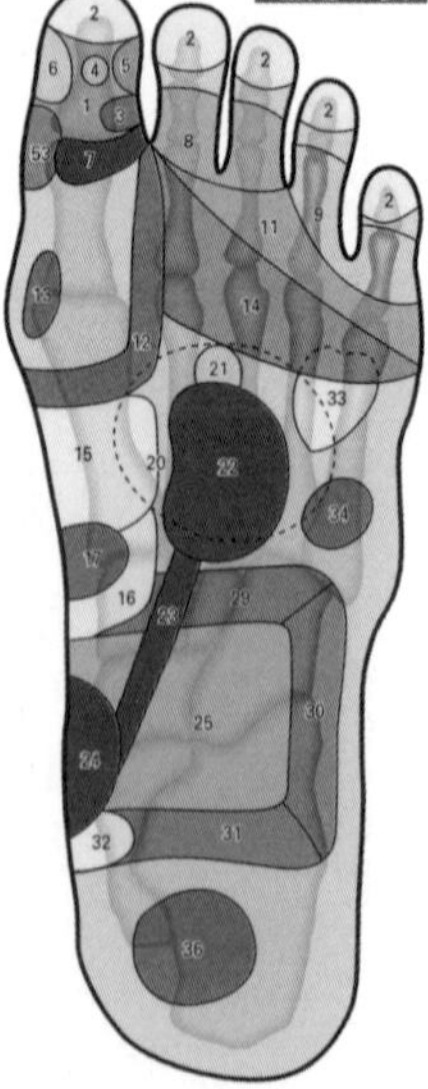

①大脳の右半球
②前頭洞
③小脳・脳幹
④脳下垂体
⑤三叉神経
⑥鼻
⑦頸部（首）
⑧右目
⑨右耳
⑪左の僧帽筋《そうぼうきん》
（首の左半分と左肩）
⑫甲状腺
⑬副甲状腺
⑭左の肺と気管支
⑮胃
⑯十二指腸
⑰膵臓《すいぞう》
⑳腹腔神経叢《そう》（消化器）
㉑左副腎
㉒左腎臓
㉓左輸尿管
㉔膀胱《ぼうこう》
㉕小腸
㉙横行結腸
㉚下行結腸
㉛直腸
㉜肛門
㉝心臓
㉞脾《ひ》臓
㊱左の生殖腺（卵巣・睾丸）
53頸椎《けいつい》

足の外側面

⑩肩
㉟膝
㊱生殖腺（卵巣・睾丸）
㊲下腹部
（月経時の緊張・腹痛・月経不順）
㊳股関節（外側）
㊴上半身のリンパ腺
㊷三半規管《さんはんきかん》（平衡器官）
㊹横隔膜
58外尾骨
59肩甲骨
60肘《ひじ》関節
61肋骨
62坐骨神経
63上腕

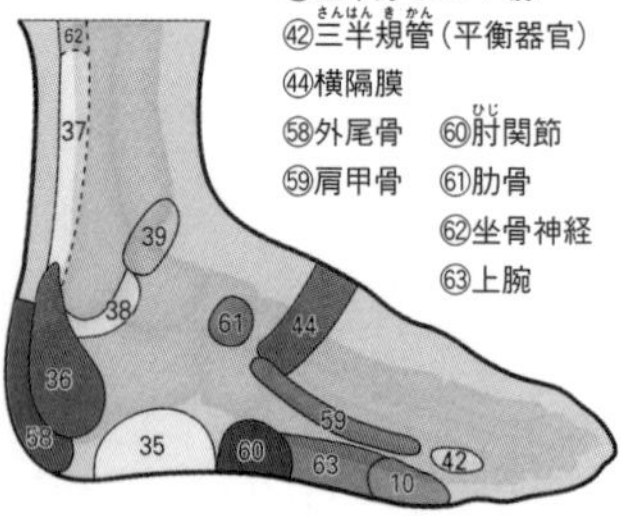

足の内側面

⑥鼻
⑬副甲状腺
㉔膀胱
㊳股関節（内側）
㊵下半身のリンパ腺
㊹横隔膜
㊾鼠蹊《そけい》部
50子宮・前立腺
51陰茎・膣・尿道
52直腸・肛門（痔疾）
53頸椎《けいつい》
54胸椎《きょうつい》
55腰椎《ようつい》
56仙骨
57内尾骨《うちびこつ》
61肋骨
62坐骨神経

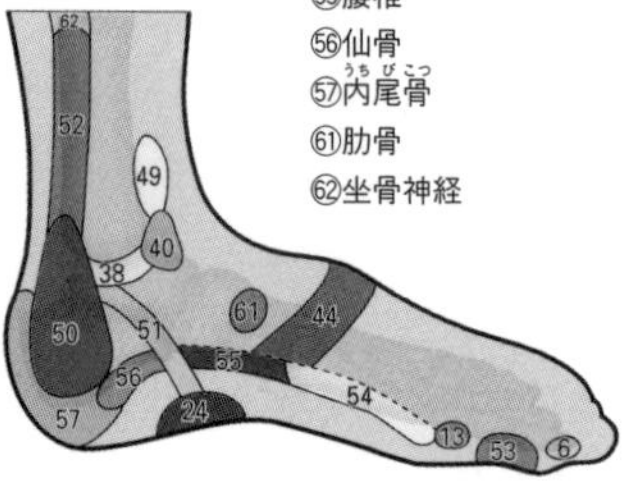

国際若石健康研究会　日本分会
e-mail : bunkai@jakuseki.jp
T E L : 03-5451-5600

右足の裏

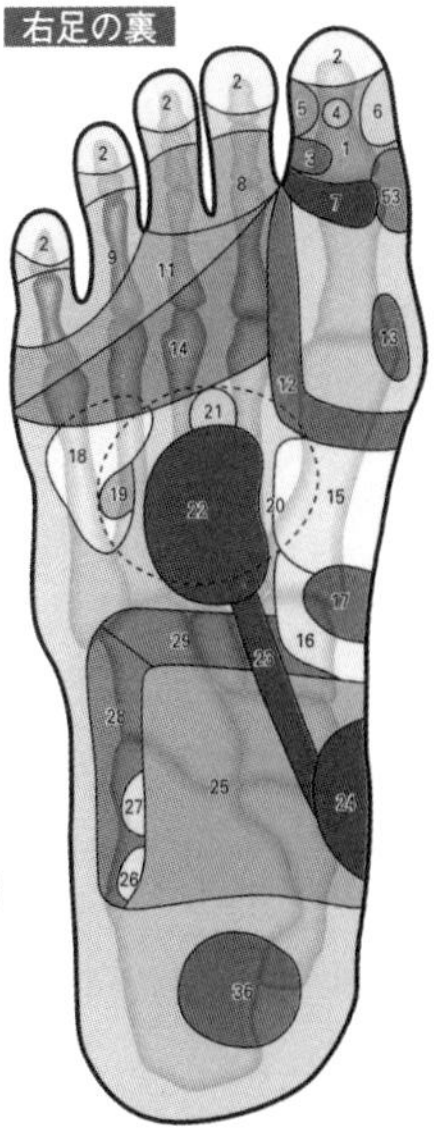

①大脳の左半球
②前頭洞
③小脳・脳幹
④脳下垂体
⑤三叉神経
⑥鼻
⑦頸部（首）
⑧左目
⑨左耳
⑪右の僧帽筋《そうぼうきん》
（首の右半分と右肩）
⑫甲状腺
⑬副甲状腺
⑭右の肺と気管支
⑮胃
⑯十二指腸
⑰膵臓《すいぞう》
⑱肝臓
⑲胆のう
⑳腹腔神経叢《そう》（消化器）
㉑右副腎
㉒右腎臓
㉓右輸尿管
㉔膀胱
㉕小腸
㉖盲腸（虫垂）
㉗回盲弁
㉘上行結腸
㉙横行結腸
㊱右の生殖腺（卵巣・睾丸）
53頸椎《けいつい》

手と足の反射区の相対応

1. 手ー足
2. 手首ー足首
3. 前腕ー下腿
4. ひじーひざ
5. 上腕ー大腿
6. 肩関節ー股関節《こかんせつ》
7. 肩甲部ー腰部

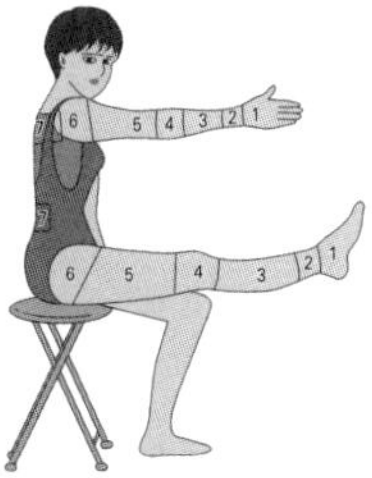

足の甲

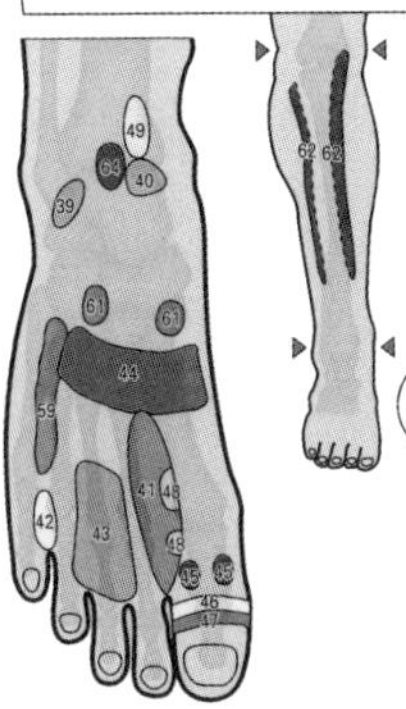

㊴上半身のリンパ腺
㊵下半身のリンパ腺
㊶胸部のリンパ腺
㊷三半規管
㊸胸部
㊹横隔膜
㊺扁桃腺
㊻下あご
㊼上あご
㊽のど・気管
㊾鼠蹊《そけい》部
61肋骨《ろっこつ》
62坐骨神経
64痰を切る

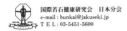

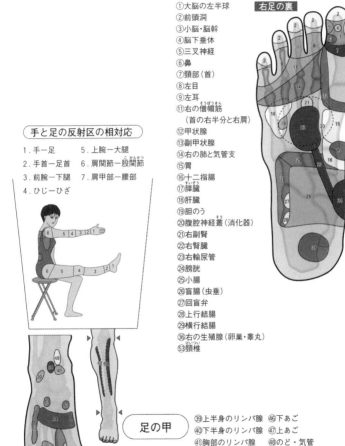

けない所。土踏まずの所は、胃腸、すい臓、十二指腸、大腸、小腸まで入っている。

昔よく「食事してすぐ寝たら牛になる」と言っていたけれど、あれは間違いですね。すぐに寝て良し。寝ても胃腸は働きます。食事を取ると、足の裏の胃腸の辺りもすこし膨らむんですよ。飲み過ぎても、食べ過ぎても、悩んでも、胃腸の働く時間があって、朝も夜も食事の時間は七時から九時と決まっているんです。だから、この時間に食べないと。そうすると九時から十一時の二時間、次の臓器が良い働きをしてくれる。食べた物は酸や唾液で溶けるでしょ。アドレナリンも頭に上がったり、お腹いっぱいになったというのも教えてくれる。そして九時から十一時のこの時間に脾臓からのインシュリンが……、インシュリンというのは、すい臓から分泌されるホルモンの一種で、原動力となる免疫機能だね。この時間にすい臓も働いて、すい臓のインシュリンも出てきて、これはどこへ行くかというと、今食べて酸になってきた胃と十二指腸に入る。これが腸が悪いと、すい臓のインシュリンもそこに入らないで、おしっこになって出ていく。糖があると糖尿になる。本来は、胃の後ろに横たわっているすい臓のインシュリンは、胃と十二指腸に入るべきなのに、入れないと胃腸を悪くして、十二指腸を痛める人が多いですね。

おさらいすると、胃腸の働きが七時から九時、九時から十一時までが脾臓とすい臓、インシュリンホルモンが出て人間の原動力になる。そして十一時から一時まで、胆のうが胆汁を運び酸性の血液を弱アルカリ性の血液にします。これが免疫で、リンパの流れに至ります。十二指腸というのは、胃とすい臓と十二指腸。陰陽で言うと他の臓器は、肺と大腸とか一個一個だけど、脾臓が胃腸の関係を全部管理すると思って良い。十二指腸もそう。だから、腰が悪い、糖尿があるというのは、脾臓とすい臓のホルモンの関係もある。

さっきも言ったように、東洋医学に基づいているからね。東洋医学は陰と陽、陰陽治療と言っても良いかな。例えば、肺の悪い人は大腸が悪い。心臓の悪い人は、陰陽でいけば、陰が心臓で陽が小腸、それと腎臓と膀胱《ぼうこう》の関係、胆のうと肝臓どちらかが悪くても「相生相克《そうしょうそうこく》」の仲と言われていて、片方が参っちゃうと、片方が攻撃する。強くなったからいいやとなる。攻撃するのもバランスが崩れるので間違っている。だから、私たちは常に足を見ながらバランスを考えて触る。肺が悪かったら、大腸も悪いんじゃないか、大腸がまだこれくらいまでしか悪くなっていないならば、先に攻撃するのはどっちなんだというように進めていくんですね。

面白いのが、肩が苦しいというのは首の周りでしょ。肩というのは僧帽筋《そうぼうきん》があって、肩が悪い人は腰も悪いことがある。腰が悪い人は肩も悪いんです。

ツボ押しは「気」を入れて揉む

橋本　大先生はよく「気」の話をしてくれますね。椅子に座って両足を上げて、「いいかい?

この足から気を抜くよ」と、大先生が手を動かして「ハァー」と言うと、足に力が入らなくなるし、「気を入れるよ」と、また息を吹き掛けて手を当てると、今度は下に押さえつけられても、自分の足なのに、下に下がらないし……。

鈴木 そう。まず病気も「気」――、元気も「気」――なので「気」と「波動」から入っていきますね。だから揉むときも、胃腸には胃腸を揉む治療をする。そういうイメージを作って、そこに自分で自分の臓器に「気」を入れて揉みます。

あくまでも人間が生きているのは、宇宙からの呼吸を吸って生きていくのだし、息を吸うときは太陽から地球に一分間に十八回の波動が来ているのです。一分間に十八回来ている波動、つまり、人間も一分間に十八回の呼吸を往復しているのです。そうすると、倍の三十六度の体温になる、三十六度の倍は七十二で下の血圧と脈拍になる。七十二の倍、百四十四が上の血圧として必然的になっているというのをまず基本にして、体温が低い人には十八回の呼吸を勧めます。宇宙にある自然体のところにまず近づけて、そうなると気も通るし、そういう理屈でやっています。

橋本 ではツボを押しているときは、ただ押しているのではなくて「気」を入れているのですか?

鈴木 はい。一つひとつの臓器の中に「気」を入れてね。人の血管はつなぐと長さ九万km、地球の周囲が四万キロだから、二周半近くもあります。それに六十兆個の細胞だからね。それをみると、一人の人間の体は「小宇宙」と考えていいんだね。これは、どんな生活の人も、天皇陛下も皆んな同じ。六十兆個の小宇宙、そうなると体が参ったときには、人間の考えた知恵など何の役にも立たない―、それじゃ、大宇宙のパワーで何かする方法はないかと考えると、呼吸は大宇宙にある、波動もね。その波動をちょっと借りることを覚えて、こういう施術をしようというところから、独自の鈴足法というのが生まれたの。

道を極めるはずが、踏み外して塀の中に

橋本　大先生は、一体どんなご縁でこのお仕事に？

鈴木　ああ、患者さんによく聞かれるね。聞かれたことには素直に話そう。昔はバカやって遊んで適当な人生をやっていたよ。お客さんは「まさか」って言うんだけどね。

橋本　少年時代は普通の少年だったのですか？

鈴木　はい。それはもう親孝行息子で。ただ、おふくろが亡くなったときから、変わったかなぁ。

亡くなった原因の一つに自分が入っていたのではと思う。心配をかけたし……。僕はもともと釧路の生まれなんだよね。子どものころから、なぜか夜になると皆が見えないものが見えて

いた。となると、夜寝るのが怖いんだよ。だから、夜はしょっちゅう悪い仲間と遊び歩いて、自分なりには何か間違っていることはわかっていたんだけれど……。もう一度人生をたたき直したいと思って、自分から筋道とか常識とか道を極める、人間の道を極めるとか生意気なことを考えて、常識にうんとうるさい人について勉強をしたいと思って——。それで、二十三歳のときに自分と兄弟分くらいの人の門をたたいて「今日から俺を、若い衆にしてくれ。人が十年かかるところを三年でやりこなすから」といって厳しい道を自分から切り開くことにした。極道……、ケンカするのが極道ではなくて、一般常識を知る、道を極める人間になろうって。まぁ極める人間とは何か、という課題もあったけれど、たくさんの若い人も出来早く出世ができたんだ。だけど、何でも率先してやる方だから、事件も多く起こす。ある時期、政治結社の北海道本部長をやったり、一般社会からみると、そういう生き方は良くないね。そうこうして、北から南まで相当行ったね。法務省通いも何度もして……。

橋本　法務省通い？

鈴木　タロウがあってね。

橋本　タロウ？

鈴木　ブファ（笑）、ムショタロウ。

橋本　あっ、刑務所タロウ⁉　エッ！お世話になったんですか？

鈴木　もう、日本を北から南までね、男を磨いて歩きました（笑）。

でも、時代も変わって、自分の住む世界ではなくなったなぁって。〝法務省〟に入ったら、書道や法律の勉強も一生懸命したね。書道の教師の免許も取ったよ。ここが俺の大学だって。忍耐もここでつけるゾ、俺の人生の極道という常識の神髄の追究はもういいな。ちょっと、長くかかり過ぎたけれど「辞めた」と、そこで全部辞めました。現在も指十本ついてるし。筋道を通せば指もある。幸い、指があるから今の仕事ができるようになったんだけれどね。

一念発起して台湾へ修行

鈴木　堅気になってからの仕事を考えたとき、もともと昔から整体業が好きだったのと、たまたま刑務所にいたとき、官有謀《かんゆうぼう》先生の「足の裏の汚れは万病の原因だった」という本を目にして、心を動かされていたんです。それで出所してまもなく、官有謀先生の講演の話を聞きつけて「今日から弟子にしてください」と言ったけれど「弟子は取らない」と言う。しかし半年ほど外弟子として、各地を廻りました。そして自分のやりたい足揉みの本部が台湾にあることを誰かに聞き、台湾へ行った。

橋本　おいくつのときですか？

鈴木　二十四年くらい前かなぁ、僕が四十代半ばのときだから。自分の体をかけてやれば、何でもできるだろうと思っているからね。初めての外国です。台湾の空港でウロウロしていたら、案内所にいた日本語ができるおじさんたちを通して、台湾の〝裏ボス〟みたいなゴッドマザーを紹介されたの。真っ直ぐその人の所に行った。そうしたら、そのゴッドマザーのママさんに気に入られて「私がかかっている先生が一番上手。紹介状を書いてあげるから」と。僕の師匠となる江新得《こうしんとく》先生の所での修行が始まったわけです。先生の所で、なんだかんだで二年くらいお世話になったかなぁ。ただ毎日お金がかかるから、先生が一つ手を動かしたら、百を知ろうと見逃すことはなかったね。トイレの掃除も〝法務省時代〟にびっしり鍛えられていたので、トイレはいつもピッカピカで喜ばれたもんさ。

成仏揉みで安らかな旅立ちのお手伝いも

鈴木　それから釧路に帰って、治療院を開こうとしたら、家のそばに真っ黒いバスがある。右翼の街宣車、昔の街宣車がまだ始末できないでいたんだわ。ワハハッハッ（笑）。近所の人も「真っ黒いバスの家で何か怪しいサロンが開店した」、「新興宗教か⁉」と警察に通報したらしくて、〝マルボウ〟と公安が来て大変さ。それも昔の顔なじみ。それで「お前たち、足全部出せ。俺が診てやっから」と。そして、自分で悪い所を揉んで自分で健康になる方法を教えたら、全員腰や首、肩が治っちゃったんで、皆んな驚いて以来家族を連れてきてさ。

橋本　すごい口コミですね。

鈴木　そうこうで噂が広まって、聞きつけたがん患者が全国各地から、ウィークリーマンションなどを借りて三カ月くらい通ったりする。多くの人の命も救ってきたナア……。こんなこともあった。JRに乗っていたとき、老人が倒れて駅員が「お医者さまはいらっしゃいませんか⁉」と叫んでいるの。駆け付けて顔を見たら、瞳孔が開いていて歯も噛んでいたのがピクピクして止まっていてね。すぐに靴下を脱がせて首を高めに、膝の上にあげて足揉みをしたら、息を吹き返してね。後日その方から「おかげさまで命が助かりました」と電話をいただきました。おそらくその人は、首から頭に酸素がいかなくて窒息みたいな感じだったんでしょうね。そこに酸素を入れてやったから生き返ったんだと思うよ。

うちは「成仏揉み」というちょっと変わったのもやっています。これはね、亡くなるときに足を揉む。普通お医者さんは「息を引き取りました」と言うけれど、そうじゃなくて、息を吐ききらすのが、うちのやり方なんです。力を入れず、心臓と肺と頭部を相手の呼吸に合わせながら吐いたり、吸ったりする、呼吸が見えるから体内の息を吐ききらす。すると、どんな人でも仏の相を持っているから、亡くなった後に仏さまの顔になる。そして腐らない、匂いがしない、氷もあまり要らない、鼻や口に綿も詰めない。うちの父親にも成仏揉みをしましたね。脳梗塞でものすごい高いいびきで苦しい呼吸をしていたので足揉みを始めたら、その苦しい呼吸が春風のようにピタッっと止まったね。素晴らしい顔で匂いもないし、曲がっていた口もすっかり治っていたね。また、あるときは「成仏揉み」を頼まれていたお客さんの所へ行くと心電図が止まってピーッと鳴って、お医者さんが「心停止」と言うのですが、足揉んで肺が止まって酸素がいかなくなって心臓が止まった、先に止まったのは肺なので「心肺停止ですよね？」と聞いたら、その医者にバカにされたので「ちょっと待ってください。じゃあこの心電図の機械がまた動いたら、どうしますか?」と言って、足の裏の心臓のツボに人差し指をあててグッっと「気」を入れて押すと、何と機械がピッピピッと動き出してね……。あのときは「おぉー、やっぱり動いたか」ってね。お医者さんも皆んな棒立ち。自分もやっぱり心臓のツボはここで良いのだという確信もでき良い勉強になった。その方もきれいなお顔で亡くなりましたね。

☆☆☆

大先生は自分が出来る事を社会に還元して、お返しせねばと「NPO法人足揉み健康研究会」の理事長も務めています。家族の健康を気遣う一般の方に「体の中に気を入れて揉む」ことを伝授しているそうです。

それはまず「気」をつくることからスタートです。両方の手を揉んでこすり合わせると、その中が温かくなってくる。コツは小さいおにぎりでも握るような感じでだんだん大きくして

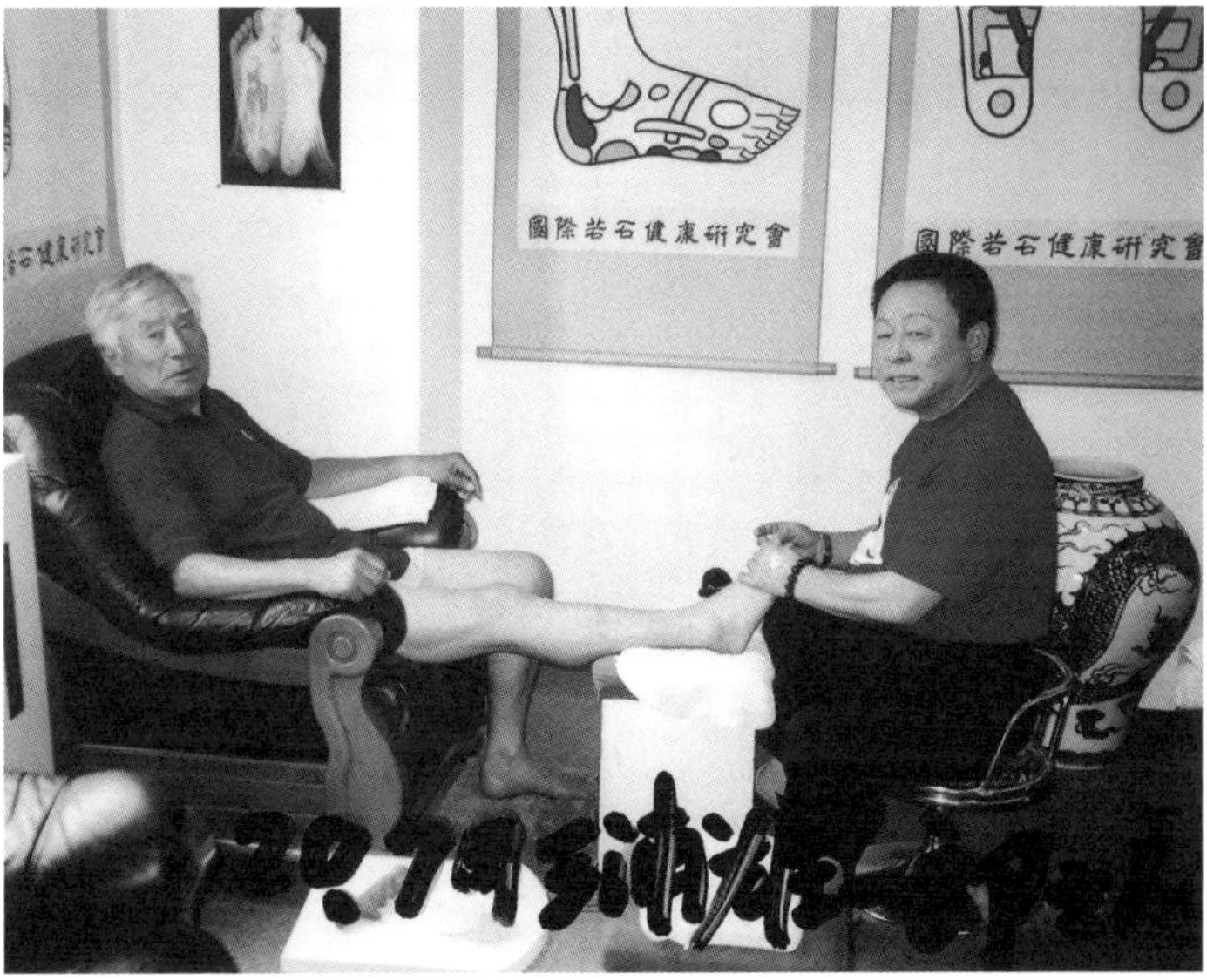

鈴足法は、おん年87歳のあの三浦雄一郎さんの“世界の健脚”づくりにも役立っています

いって、その「気」を相手に当てるのだそうです。トライしてみませんか？

今は、北海道内の他に東京都江東区でも治療院を開設していて、プロスキーヤーの三浦雄一郎さんなど著名な方も多くお見えになり、医学界の方々とも「気」をつかった新たな実験を行い、いずれ、論文も発表する予定だとか。

百四十歳まで生きるゾといつもおっしゃっている大先生、確かに今お会いしてもみずみずしい壮年のようです。

また、著書「だいじょうぶ」に大先生の半生が詳しく綴られています。

（二〇一三年九月、十月放送）

北海道一周 二四七〇キロ踏破!! 体が動くと心も動く。これが〝私の北海道〟

苫小牧市の主婦　船木美智子《ふなきみちこ》さん

苫小牧在住の主婦が徒歩で北海道一周を果たした。
二〇一三年五月に自宅を出発して、三年間かけて約二四七〇キロを歩いた。
健康のために始めた散歩の途中、一羽のサギを見つけ、川で魚を捕食する瞬間を見て感動し、「自分は北海道のことを何も知らない」と気付いたのがきっかけ。
日中は歩いて夜は自宅に戻り、
次の日はまた続きの地点から歩き出すという
独自のルールで歩き続けた。
船木さんが北の大地を歩き続けたその間、何を感じて、
何を得ることできたのか？

散歩で見つけたサギに出あい、感動したことがきっかけ

橋本 なぜ、歩いて北海道を一周しようと思ったのですか？

船木 きっかけは、内臓脂肪を減らす、健康づくりのためです。毎日、往復五キロほど苫小牧の「こもれびの道」という遊歩道を散歩していました。冬の寒いある日、ちょっと汚い川ですが、そこに一羽の白いサギがいたのです。上流の方に向かって立って、首を曲げたかと思うと川の中にサッと嘴《くちばし》を入れて魚を捕まえたのです。そして、後ろの橋の上でその様子を見ていた私に、サギが振り返って「どうだ‼ 見たか！」という感じで見せてくれたのです。イヤ〜本当に驚きました。自然界での捕食は当たり前のことですが、そういった決定的瞬間を目の当たりにしたこと、常々あまりきれいではないと思っていた川に魚が棲んでいたことなど、歩くことを通して自分の住んでいる所の自然を発見できたという喜びを感じました。私は、北海道生まれの北海道育ちですが、考えてみたら北海道のことを良くわかっていなかった。もっと北海道を知りたいと思いました。

そう思い続けていたある日の新聞に、函館の二人の女性が、歩いて北海道を一周したという記事が載っていました。彼女たちは雪のない五月から十月までの半年間、一日およそ三〇キロ

を歩いたそうです。この方法なら私にも出来るかも知れないと、さっそく二人のうちのお一人、鎌田悦子さんに連絡を取り、お話を伺いました。鎌田さんがおっしゃるには「あなたにも出来ます。北海道を歩くと、人生の宝になります。ただし、挑戦する方も条件があります。まずご自身が健康であること、次に家族に病気や介護を必要とする人がいないこと。自分が留守にしていても大丈夫という時期は、人生の中でもたくさんあるわけではありません。だから『できる！』と思ったとき、やってみたらよいですよ」と勇気をいただいた気分になり、私はすぐに夫に相談しました。

橋本　女性の一人歩きでしょ？　ご主人は、何とおっしゃったのですか？

船木　私が「あの……、新聞でこんな記事を見て、私もやってみたいと思うんですが……」と言ったら、簡単に「面白そうだから、やってみたらいいんじゃない」と。もうびっくり。私は、「もっと考えろよ」とか「こんなことや、あんなことも起きるかもしれない」と反対されるんじゃないかと思っていたのに、案外簡単だったの（笑）。

橋本　えっ！　それって、奥さまに無関心というわけではないのでしょ？　寛大なご主人ですね。

船木　いいえ、旅が始まって後から耳にしたのは、そうは言ってみたものの、かなり心配だったようですよ（笑）。

橋本　準備はどんなことを？

船木　鎌田さんの記事を読んで、自分が実際にスタートするまでの間準備期間を設けて、とにかく毎日五キロは歩いたのですが、三十キロの経験がなくて。何日か挑戦したのですが、二四キロぐらいでもうクタクタ、顔色も真っ白になって。三十キロ歩くのは大変なことだと知りました。自信があまりありませんでした。

荷物は、リュックの中に洗面道具、着替え、雨具、携帯電話の充電器、アメやパンのような行動食品、それからノルディック・ウォーキングをするときに使うようなポールも準備しました。でも歩いてわかったのは、ポールなんていらなかった。

橋本　準備万端でしたか？

船木　いや。後で準備不足だったことがわかりました。

まずトンネル。トンネルは幽霊が出るという、都市伝説がありますよね。私は聞き流していましたが。トンネルに入るとき、普通にリュックを背負って歩いていました。伊達を過ぎて豊浦辺りのことです。あの辺は割とトンネルが多いんです。都市伝説じゃないですが、そこのトンネルがとても怖かった。まだトンネルに慣れていなかったというのもあるのでしょうが無防備だったからです。ライトも持っていないし、マスクも掛けていない。後でわかったのは、ただのマスクではダメで、粉じん用のフィルターが付いたものじゃなければ効果がないことがわかりました。

トンネルの中は、とにかくすごいんです。狭い上に交通量が多いトンネルは、車がひっきりなしに〝ゴーン、ゴン、ゴン〟と粉じんをまき上げて通りますから、出てみたらマスクのフィルターが真っ黒になっているのです。後でわかって用意したのが、トンネル三点セット。フィルター付のマスク、ライト、それから命を守るため蛍光発色の工事用ベストの三つです。

日中は歩き、夜は自宅に戻る独自のルールで挑戦

橋本　歩きっぱなしではなくて、日が暮れたら自宅へ帰り、仕切り直しが出来るのが良かったですね。最初はどこのルートからですか?

船木　五月、苫小牧から出発して、室蘭の地球岬を回って噴火湾をぐるっと歩いて、長万部まで行くというのが最初の計画でした。でも長万部までなんて、気持ちはあっても自信はないし。自分の歩ける範囲で無理をしないで、つなげて行こうと思って……。

一日が終わったら電車で自宅に戻りました。ゆっくり休んで次の日は、また電車で前の日に歩いたポイントまで行き、翌日は一〇キロぐらいしか歩けませんでした。地球岬まで行くのに四日間も掛かりました。そして室蘭まで来ると、帰るのも時間がかかるし。ちょうどその日は雨だったので、泊まりました。初めてのお泊まりです。

橋本　どんな所に泊まるのですか?　前もって調べていくのですか?

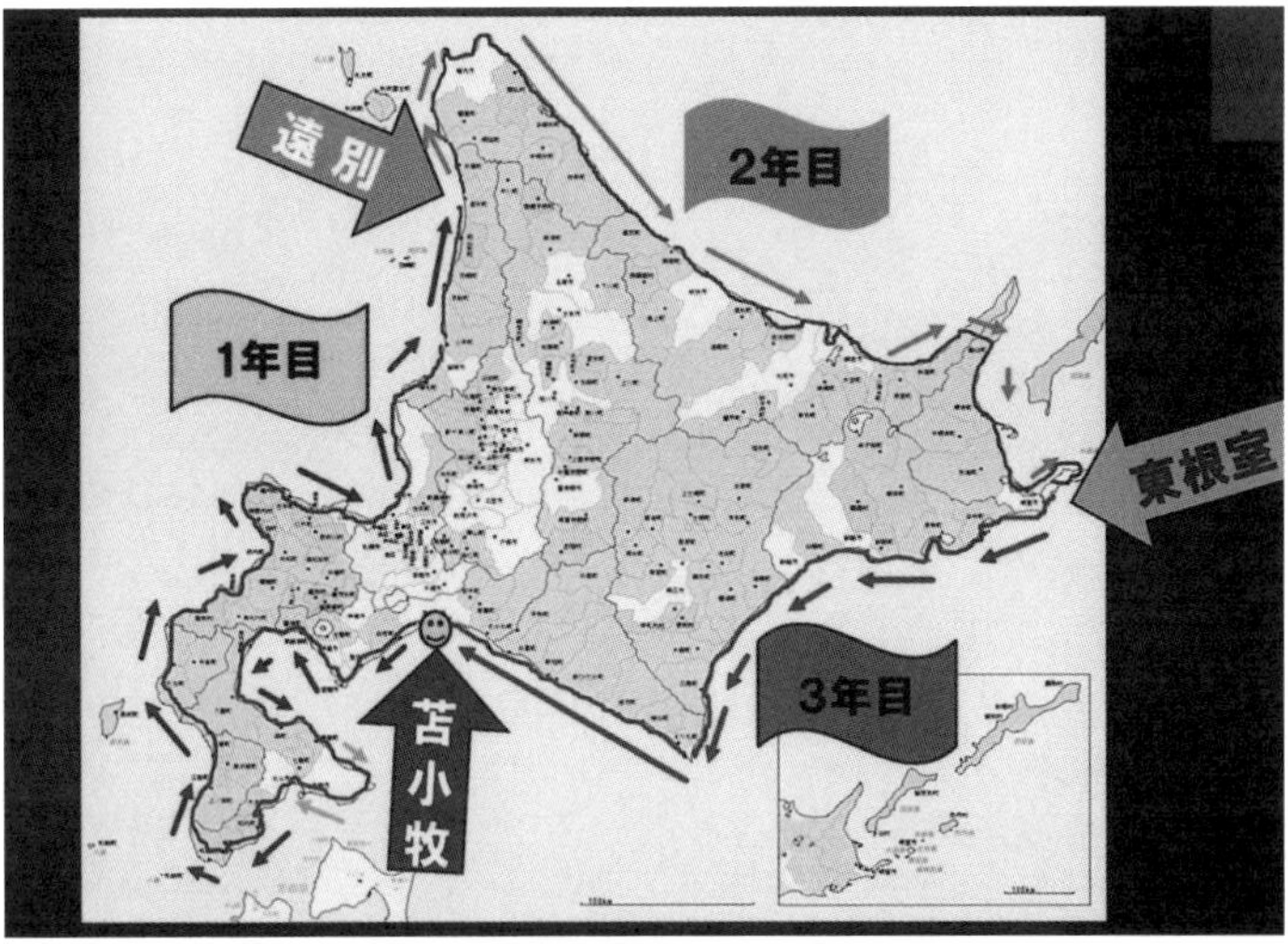

3年間歩いたルート

船木　旅館、民宿、あるときはホテル。行き当たりばったりが多かったですね。夫とは野宿はしないという約束でした。

　そういえば、知内でとてもうれしい出来事がありました。木古内―知内間というのは、北海道新幹線が開通する前で、高速道路の工事が行われていて宿をとるのが大変な場所だったのです。町の中は全滅で、山に少し入った所に知内温泉がありました。歴史があって良い温泉なのですが、宿泊代が私の予算を上回っていたんです。

橋本　お幾らだったのですか?

船木　そこは一泊二食付きで一万一千円です。温泉宿ですから普通の料金なのですが、私の予算には収まらない。私は一泊六千円くらいを予定していたのです。もうここしかないので「食事抜き」でお願いしました。翌朝

感謝の気持ちを持ち、歩き続けた船木さん

そこの宿の方が「北海道を歩いているっていうのに食事をきちんと取らないで歩けるのですか？」とおっしゃるんです。私は「お弁当を仕入れてきましたから大丈夫です」と答えて、旅館を後にしました。歩き始めて十五分くらいたったところでしょうか。後ろから拡声器で「船木さん、船木さーん」と呼ばれ、びっくりしました。呼び止められるとしたら、違反キップを切られる、あまり会いたくないあの方かも知れないと思い恐る恐る振り返ったら、何と知内温泉のご主人が車で追い掛けてきてくれて「これ、持って行きなさい」と、袋に入った物を渡してくれたのです。お礼を言って受け取ると、ほっこりと温かいんです。ご主人が「おにぎりだから持って行って途中で食べなさい」と、おにぎりをくださったのです。うれしくて、そのおにぎりをリュックに入れて歩いたら、温かみが背中に伝わってくるのです。人の優しさや親切、ぬくもりがこんなに勇気と元気をくれるのだと心から思いました。その後どこで食べたおにぎりよりも、それは特別なおにぎりでした。しかも後で写真を見たら、おにぎりの他にお手ふきも付いていたのを知って。細やかな心遣いが本当にうれしかったです。その後の福島峠は、うれしくてスキップしながら駆け下りました。

橋本　いろいろな方と出会ったのでしょうね。

船木　歩いていて声を掛けてくださる方は男性だけでなく、女性もいらっしゃいました。「あそこまでは遠いから、黙っていれば誰にもわからないし、このクルマに乗っていけばいいっしょ」（笑）とか「今日は、うちに泊まってけ。オラはもう足が痛いから歩けないけど、車なら運転できっから送っていくから、歩くんじゃない」と言ってくれたおばあちゃん。本当に、優しい方が多いです。

橋本　へェ～、フーテンの寅さんのドラマそのままという感じですね。

船木　そうです。よくニュースで「悪い人が多いから、警戒しなければいけない」というのを見るけれど、そういうのは、今の世間一般のことではないと感じました。旅の途中で襲ってくる人は一人もいなかったし、襲われそうになって怖かったのは人ではなくカラス……。特に子育て中のカラスは怖かったです。

橋本　ラジオだから顔は見えませんが、船木さんってホント、かわいいチャーミングな女性なのです。こんなかわいい方が「勇気」を出して肩肘を張るのではなくて、ふわっと「北海道を一周しよう」という感じでね。

出会った人々から教えられた心の在り方

船木　そう、そうです。出来るか出来ないかわからないけれど、やってみようと（笑）。遠くにあった羊蹄山が真正面に来た辺りで、自転車に乗っていたおじいさんがいました。どうやら買い物に行こうとしていたらしいのですが、向かい風が強くてこげなくて降りたのです。そして、どういう訳か私と一緒に歩き出したんです。お互いに「何をしてるの？」と、身の上話などをしながら歩いている途中、自分が今どこにいるか知りたくて、マップの入ったアイフォンを出して見ていたら、そのおじいさんが怒るんです。「北海道一周しようと思っている人が、そんなのに頼っちゃダメだ」と。「自分の五感をもっと使って、良く見て、良く記憶して、しっかり歩かなきゃいけない」と。

橋本　ただのおじいさんでしょ？　素晴らしい!!　怒られて良かったですね。

船木　ホント。そういう大切なことを教えてくださったのです。三年間、八十九日間、本当に楽しかった。辛いときもありました。道によっては上り坂、下り坂、また上り坂……。歩くので爪は毎日切りました。切り方がうまくいかないと、隣の指に引っかかって、そこが切れたり痛くなったりでも不思議とマメは出来ませんでしたね。

橋本　歩いているときは、どんなことを考えるのですか？

船木　はい、お話しをしたくなったら、まず残してきた夫にお祈りをするでしょ。それと演歌から童謡まで歌ったり、ストーリーテーリングという語りを独りでするのです。自分の知っているお話を次から次へと。あとは、見える景色について「あれは、何だろう」と。

　根室から浜中、釧路へ歩いていたとき「この辺りは、まるで天から大きな鉄板が下りてきて、ペチャンと押しつぶされたような地形だ」と思いました。島も平たいのです。「なぜ、こんな地形なのだろう？」とずっと思いながら歩いていました。民宿の方や工事の方などいろいろな方に聞くのですが、皆さん「昔からこうだったからね～」と言って、わからないようなのです。そうしたら昆布森で山菜を採っていた方がいて、その方は以前、理科の先生をしていたというので私は目がピカッと光り、聞いてみたんです。「ずっと歩いて来たんですが、この辺の地形は皆んなペチャンコですが」と。する

光り輝く日高の海

と、さすが元先生──。

「う～ん、良い質問だ!! ここはねぇ、『海岸段丘』と言うんだよ。これは北海道の成り立ちのときに出来たもので、堆積物がどんどんたまって一番上が波打ち際だったから、それ以外は堆積されず、波打ち際で高さが一定になったんだ。それが地殻変動で、プレートがゴンと上がって、出来たところがここの地形なんだ。さらに言うなら『釧路は別だ』と分けている学者もいるよ」

さすが理科の先生です。また、アルピニストに人気が高い日高山脈の黄金道路を歩いたときも良かったなぁ。天気が良くて波がキラキラ光って、サーフィンをする人も、昆布拾いをする人もいました。百人浜では昆布拾いをするご夫婦に会って、昆布採りが出来る海の条件があるという話を聞きました。まず風がなくてシケていないこと。浜の条件は、雨が降ってなくて昆布が干せるという、海と丘の両方がそろっていないと出来なくて、ある一人の漁師がそれを決めて、良い日は昆布を取る旗が上がるんですって。

橋本 家に居たら聞けない話ですね。どんな話で会話がスタートするのですか?

船木 まず「こんにちは」とあいさつして、「何をしているんですか?」「一生懸命ですね」と言って、お話ししていくと、いろいろ教えてくれるのです。そういえば、島牧でウニ漁をしていた漁師の方がいたので、知っていたのですが「何をされているんですか?」と会話がスタートして、海水で洗いたてのウニをごちそうになったこともありましたよ。フフフ(笑)。

橋本　全てが北海道一周した貴重な記憶だと思いますが、特に印象に残った所は？

船木　函館市南茅部町の縄文文化交流センターの中空土偶ですね、縄文ロマン。道の駅に併設されているのですが、立派な博物館です。私、中空土偶が大好きでこだわっているんです。だから、そこに行って確かめてこようと思ったのです。回り道をしても、行ってみようと……。展示しているのはレプリカだろうと思ったのです、愚かにも。ところが行って見たら、何と真っ暗な中にスポットライトが当たって本物がいました。もう、その存在感といったらなかったですね。

縄文時代に、あれだけ緻密に、しかも中が空洞で厚さは二〜三ミリ。相当な技術を持った職人が作ったと思います。現代人が優れているわけではない、だって私はいま現代人ですが、あれだけの物を作る技術はありません。きっと腕の利いた職人が、縄文時代にあそこの場所にもいて、中空土偶を作っていたのだと、その存在を自分の肌で感じとることが出来たのです。

著保内野遺跡出土 国宝土偶（函館市提供）

私たちからすると縄文時代は遠い世界のような気がしますが、戸井町なども含めて、あの辺の畑でたくさんの縄文土器が出土しています。私の場合、縄文に会いに茅空《かっくう》（南茅部から出土した中空土偶で、カックウの愛称がある。国宝）に行く、茅空に会うために縄文に行く……という感じです。

とっても楽しかったです。北海道の自然は本当に豊かで面白いです。そして、そこに住んでいる人たちが力強くて、楽しくて、優しくて。今、道内各地のニュースを見たり、聞いたりすると、ニュースが他人事ではないんです。「あっ！　これは私の北海道だ」と、抱きかかえるような感じ。私の住んでいる北海道を、歩いて空気を吸って、風を感じて、海の潮の匂いをかいで、そして今、私は好きだったのだと知りました。ゆっくり歩けば遠くまで行けるのです。

☆☆☆

船木さんが立てた北海道一周のスケジュールは当然、突発的な家庭の事情などで、思った通りには運ばなかったそうです。しかし、美しい風景と人々の優しさに支えられ、あきらめずに目標を達成。知床では、あまりにも深く美しく静かな大自然を前に「おじゃまします」と、あいさつをしたそうです。こんな船木さんの感性がこの旅を感謝のうちに成し遂げた要因だったと思います。

（二〇一六年五月、六月放送）

心も常に〝品種改良〟して、世界一のメロンづくりに人生をかける

有限会社　日原メロン園
有限会社　北海道日原
代表取締役　日原和夫《ひはらかずお》さん

夕張郡栗山町でメロン栽培一筋五十年以上の日原和夫さん。昭和二十年七月、戦争で焦土と化した東京を後に、両親に手を引かれ栗山町に入植した。

この地は、メロン栽培に適した樽前山の火山灰土壌で、ここで最高品質のメロンを育てている。リピーターが絶えない食味の良い赤肉メロンは、あえて「夕張メロン」ブランドとは一線を画し、自らの名を冠した「日原メロン」と命名。独自の栽培技術を駆使し、自立型農業を実践している。

メロンと向き合い、精魂を込めて栽培

橋本　日原さんのメロンはおいしいですね。我が家では「世界一メロン」と呼んでいます。

日原　僕はメロンしか作らないから。メロンがおいしくなかったら生活していけません。他の人がお米のこと、ジャガイモのことを考えているときに、自分はメロンのことばっかり考えています。どうやったら、おいしいメロンができるかって……。

橋本　具体的にどんなことを考えているのですか？

日原　種をまいたときに種が素直にスーッと出て、次にメロンとメロンを接木《つぎき》するのです。それで出来た苗が木になると、畑への肥料のやり方一つひとつが全部影響するので、とにかくベストを尽くしながらやっていきます。

ただ、人が欲で作るとダメ。メロンをよく見て、メロンの立場になってあげれば、それなりにできるのです。

橋本　ふーん。職人なんですね。

日原　そう、職人。だから儲からないの。わかりますよね（笑）。

橋本　毎年注文してくる有名人のお客様もたくさんいらっしゃるようですね。以前、畑にお

じゃましたとき、倉庫で配送伝票を盗み見したら、宛先に、テレビや新聞に登場する有名人の名前がズラリ。驚きました。やはり、皆様があの〝黄金の味〟に魅せられているのが良くわかりました。

日原　自分の場合、常に「夕張メロン」という素晴らしいブランド品が近くにあるので、それ以上においしくないと。夕張メロンよりもおいしい物、良いメロンを作らなきゃっていうのが基本にあります。それがなかったら、リピーターはなかなかいなかったでしょうね。毎年「日原さんお願いします」と言ってくださるので、自分の仕事が成り立っているのです。

橋本　日原さんのメロンは「夕張メロン」という商標は使っていませんね。「日原メロン」ですものね。

日原　「夕張メロン」は、夕張市で作っているメロンのことで、夕張農協の登録商標です。うちは夕張郡栗山町なので「夕張メロン」という名前は使えない。夕張農協も夕張メロンを育ててここまで来るのに必死だったからね。だから、夕張農協から「使わないでくれ」といわれても、まぁ仕方がないね。

橋本　日原メロンと夕張メロン、苗は同じなのですか?

日原　そうです。夕張キングという品種は、静岡で作っているアールスと、アメリカのキャンタロープを掛け合わせたF1（一代交配種）なのです。だから、多少の違いはあるけれど、九八%同じです。ただ、夕張は自分たちで種をとって保管しているけれど、自分のメロンは札

全国から注文がくる「日原メロン」

幌でその種をとっている会社があって、それを使っている。

橋本　でも、同じ種なのに味が違いますね……。

日原　だから、それは作り方の違い‼　夕張の人じゃなくても、北海道中「共撰《きょうせん》」で出している。

橋本　「共撰」って？

日原　個人で出荷するのではなく、一回農協に集荷して農協の基準で「特秀・秀・優・良」という規格に選果するので、誰が作っているかは関係ない。それはそれで多くの物を出荷するのには良いシステムかもしれないが、個人的なこだわりなどなかなか評価されにくい。農協が「共撰」をやっているところに個人が入っていって、特別においしくて評判の良い物を作って「値段は三割高くしても良いので、これだけ売ってほしい」と頼んでも、農協という組織の中ではそれは難しい。でも、もうそういう時代じゃない。やはり、買ってくださる方にいかに喜んでもらう物を作るかという時代なんだけどね……。

橋本　そういう仕組みで農家を守っているのでしょうね。白髪交じりの頭をかきながらお話ししてくださる日原さんの瞳はキラキラしていますね。お年はお幾つですか？

補助金農業を脱し、分業化時代へ対応を

日原　後少しで七十六歳になります。もう僕はメロンしか作らないから、メロンのことばかり考えてきた。もともと、ここへは自分たちの親が東京から来て、三十二戸で開拓が始まったの。東京の「東」という字をとって東山《ひがしやま》地区と呼ばれている。そこで、組合の名前を東山にしたかったけれど、当時は生活していくのが精いっぱいという人がほとんどだったから、信用を取るよりも儲けに走るわけです。だからメロンにしても「東山メロン」を築き上げるのではなく「夕張メロン」という名を追いかけた。それで、自分はついていけなくって「日原メロン」にしたのです。

東京に親戚がいて、おじ三人が事業をやっていた。僕も三十歳を過ぎてから東京に行くようになって、おじの車の修理工場や部品を作る会社に寄って、世の中の動きや仕事などを教わったのね。そこでいろいろ勉強したことが頭にあって、帰ってから農業の仲間に「自分たちの今

日原メロン園空撮。50棟以上のハウスが並ぶ

やっていること、何かおかしいな」と言っても、皆んなは「これで良い。農家は農協の指導通りにやっていれば良いのだ」と。それで一人でやるようになったのです。

やってみてわかりましたが、メロンの教科書というか、専門の試験場の先生が書いた本を真面目に読んでいる人は、良いメロンは作れないね。思い込んでしまう。おそらく、その先生も何年も経験して書いたわけではないので不確実な部分も出てくるのでしょう。真面目な人ほどそういう本を頼りにして作るんです。昔、自分の畑に学校も行けなかったので、字を書くのがやっとというおばさんがいましてね、その人から教わることがあったんです。その人は本も読めないから、メロンを観察しているんです。そして、観察した中で僕に言ってくるんです。それが合っていることが多い。だから農業は、まだまだこれからの世界だと思うのです。今はまだ思い込みでやっていることが多いですが、農業はこれから楽しいことがたくさん起きてきますよ。

橋本　日原さんが考える、これからの理想的な日本の農業スタイルはありますか？

日原　補助金をもらっている農業は、もう自分からやめていった方が良いですよ。農家の戸数は戦後の三分の一になっていますが、荒れ地になった農地を農協に頼まれて買っている。そして、広くなった農地で米を作るためには大型機械が必要となるので、また借金をする。要するに国は補助金をまいて、言うとおりになるように支配をしてきたのです。だから、僕はもうこの「補助金農業」はやめるべきだと思うのです。このままでは、孫に借金を押し付けていかなきゃならん。国が早く「自分の力でやりなさい」と勧めなきゃ。

僕が基本的に考えているのは、まず男というのは自立しなきゃダメ。成人を過ぎて、二十二、二十三歳くらいから、自分で働いて自分の力でやる、そして家族を食べさせる。

次に自己責任。「日原さん、メロンを作ってください」と、誰かに言われて作っているわけじゃない。だけど、中には親の後を継いで、農業をやる方が外へ出ていくよりも楽だと思っているから、農業を継いでいるケースもありますね。その場合、食べていけないから国に「補助金をよこせ」と言んです。そういうのは、自分の責任を外へ向けているんだと思います。そんなに儲からない、生きていけない職業ならやめればよいわけでしょ。

もう「世界分業化の時代」なのです。タイに行ったとき「日本で食べている二〇万トンくらいのお米だったら、タイで作る。こっちは一年に三回米がとれる。もし日本人の口に合わないなら、日本の技術をもってして三年もあればきちんと日本人の口に合うように品種改良ができるはず。だから技術をください」と言われました。それから「日本のオートバイを作ってくれ」とも。

中国しかり。日本のお米は安全でおいしいので、中国の富裕層は一俵三万円を出しても買うと言っていました。日本人は補助金を当てにしないで、自分の力でお米を作って、ちゃんと買ってくれるところを世界中探して売っていけばよいのです。販売と栽培は両輪ですね。また、フランス原産の野菜でも一番良い野菜を作るのは日本人だと聞きました。日本は、山の木を切り倒さないで、平らではない土地でも良い物をたくさん作ることを何年もやってきている。その能力を持っているから、野菜でも果物でも世界中で比較にならないほど良い物を作る。車からカメラから、すべて一番良いものは日本人が作っている。日本人は世界一、頭が良いものづくり民族だと。

これまでは、日本の国のためにどうするかと考えていたけれど、今、世界が人類はどうしたら仲良くやっていけるかを考えて、その国、その国の分業があるのです。だから、日本は日本でなければ出来ない技術を必要とする農業に向かっていくべきだと思います。

夢をもってニュージーランドでメロン栽培に挑戦……失敗

橋本　日原さんは三十年以上も前になりますか……、瞳を一〇〇カラットくらい輝かせて、私に「トンちゃん、冬に北海道でメロン出来ないっしょ。だから、ニュージーランドでメロンを作るわ。うまくいったら『さっぽろ雪まつり』に、うちのメロンを出荷できるよ。人間、夢がないとね」とお話ししてくださいました。

日原　そうだったね。北海道とニュージーランドでは気候がちょうど逆なので、ホント夢みたいなことを考えてね。向こうへ行って、それでしくじったんです。

ニュージーランドは農業国だから、日本にあるものは全部あると思って行ったんです。だけど、求めていた農業資材や農薬など、もう無い無い尽くしでえらい苦労しました。それで、頑張っていざ作ったら、今度はメロンを送る航空運賃や生活にお金が掛かるしで、ボーっと考え込んで、結局二冬でやめた。

橋本　ニュージーランドで収穫はできたのですか？

日原　できた。八月に種をまいて九月に植えて、十二月、一月に収穫できたの。すごく美味しかった。でも、日持ちしないメロンだったので失敗した。食べ頃は次か次の日。だから、向こうからスムーズに飛行機で運んでも、こっちについたらもう熟れすぎの状態だった。今思うとあの計画は早く立てすぎたね。他の人が成果を上げる前にやろうと気がはやって。もっとゆっくりやれば良かった。

橋本　もう自分がおかしくなるほど、大変だったと言っていましたね。

日原　あー、もうー、やられちゃった。うつ病とか自律神経失調症に。もろかったのですかね。目をつぶるとニュージーランドの風景がパーっと出てきて、どうしようもないことを考えるんです。

橋本　どうしようもないことですか？

日原　日本やアメリカやどこの国でも使っている農薬をニュージーランドは「安全のため」と言って使っていない。これはニュージーランド政府が考えることなのに、自分がやらねばならないと思ったの。また、ニュージーランドで農作物を作って海外へ輸出するために、ニュージーランド政府をどう動かせば良いのかなんて考えたり、自分が言っても聞いてくれないだろうしとか、いろいろですね。

でもその時、ニュージーランドで協力してくれた森さんという方と、つい最近再会して一緒に酒を飲んだ時、彼が「日原さん、死なないだけ良かったですよ」と言っていたね。「海外で事業やって失敗したら、皆んな死んじゃっている。とにかく、もうこれ以上、一歩も歩けない時は努力する。それでもダメだとすっかり自信を失って、生きていてもしょうがないというふうになるんだ」と。

自分も帰ってきたとき、誰もが自分より偉い人に見えたね。だけど、看護師をしていた妹が「北海道一おいしいメロンを作っているといわれている人が、何でニュージーランドでしくじったくらいで、そんなにガッカリしているの」と言ってくれたの。「それもそうかな」と思ってね（笑）。メロンは作り続けていたからね。

あの後、またニュージーランドに行ったとき、ロイ下田さんという実業家にも再会した。彼も倒産したり、失敗したりで。その時はまた会社を興していたけれど、彼とお酒を飲んで、語り合ってね。「お互い大きな夢を持って果たせなかったけれど、これからもチャンスがあったらやりたいね」と。あの時の酒はこれまでで一番おいしかった!!　男ってバカだから、そんなものかね（笑）。

橋本　また夢を果たそうと計画しているそうですね。ご家族はよく付いてきてくれますね。その点は

日原　まぁ、一応ね……。自分は生活費や子どものお小遣いなどちゃんとしてきた。その点は家族に迷惑をかけないようにしていた。

それで、またニュージーランドで栽培する計画を立てています。今度は、自分が栽培するのではなくて、現地の人に作り方を教えるの。品種は、あの時にはまだなかったけれど、十五日間くらい船の中で保つメロン。名前も、もう「サザンクロス―南十字星」と決めているの（笑）。

今、台湾にもメロンの指導に行く計画を立てている。さっぽろ雪まつり頃に出荷して、売れるかも知れないね（笑）。まぁ、うまくいくかどうか、やってみなきゃね。でも、何かできそうだ。

☆☆☆

ニュージーランドでメロン栽培に失敗し、大きな借金を背負った日原さん。後継者の息子さんは「父さん、ニュージーランドはもういいよ」と牽制しているそう。でも本人は「メロンを作っていると、チャレンジしたいことが次々と出てくるんです」と、また頭をかきながら瞳を輝かせて口にします。

お話を伺ってからもう五年経過しています。ご本人の思いはもしかすると多少の変化はある

かもしれませんが、中国内モンゴル自治区などにもメロン栽培の指導に出かけるなど、八十歳を超えた今でも「学びは現場にある」と道内外は勿論、海外をも飛びまわっています。夢を一つずつ着実に現実にする努力が日原さんの若さの源なのだと思います。

（二〇一四年一月放送）

冷熱エネルギーの取材で訪れたのに、そこには命をつなぐ農業があった〝ありがとうゴボウ〟の誕生

一般社団法人　大地が教えてくれたこと
理事　村上貴仁《たかひと》さん

二〇一四年、自然の冷熱エネルギーを利用した農産物を取材するため、洞爺湖町の村上さんが働く農場を訪ねた。電気を使わない、冷熱エネルギーの保管庫で寝かせたキャベツ、ニンジン、バレイショ、白菜、ゴボウ……は驚くほどみずみずしく、甘みが強い。

その秘密は、本来作物が持っている生命力に着目し、「命をつなぐ農業」を追究したからだ。

そして、それに気付かせてくれたのは、わずか四歳でこの世を去った村上さんの息子さんの幼い命だった。

冷熱エネルギーを活用したアイスシェルター

橋本　こんにちは！　皆さん倉庫で超忙しそうですね。村上さん、ここでは冷熱エネルギーで農作物を保管しているそうですが、どのような仕組みですか？

村上　ここが「アイスシェルター」です。この向こうが冷蔵庫。このアイスシェルターで氷をつくります。後ろの壁に大きい窓があって、今は閉じていますが、冬になるとこれをボコッと外します。すると、自然の冷気が入り込んで凍るのです。

橋本　ここはひんやりしていますね。まさに氷の部屋という感じで、何と表現すればよいのか……、キノコを育てる部屋のように、たくさんの棚があって着物のタンスが何棹もあるみたいな雰囲気ですかね。

村上　そう。この一棚、こういう氷層が八五〇個くらいあって、一つに二〇〇リットルの水が入っています。下から上まで全部で十四段あります。最初は水が入っているだけの水槽ですが、温度の特性上、下から順に凍っていって一番上まで凍ったら終わり。そして溶けるときは上から順に溶けて、下の三段くらいに大きな氷がプカプカ浮かぶようになったら、もう十一月ころです。ということは、次の十二月からまた凍り始めますので、一年中この氷で冷蔵しているというわけです。一月、二月で氷が出来上がって、一番上まで凍ったら窓を閉じて、また次の十二月から開けます。

橋本　では、電気を全く使っていない？

村上　はい。使っていません。明かりの電気以外は、扉も窓も手動で開閉します。自然エネルギーといっても、太陽、風力、水力ばかりではなく、この冬の大地の寒さも自然エネルギーと考えているのが、この冷熱エネルギーを活用したシステムです。

橋本　では、冷蔵庫へ移動しましょう。あっ！　冷蔵庫のドアの上に窓がありますね。そして、冷蔵庫の床がスノコ状になっていますね。

村上　アイスシェルターの氷の棚の下も空洞になっていて、冷気があの下の窓を通って、ここへやってきます。床のスノコからも冷気が上がって、温かい空気は上へ上がるので、今度は上の方の小さい窓から吸い込まれて向こうへ行く。温度差によって自然対流が生まれるので、湿った空気が循環することになります。普通の冷蔵庫は電気でファンを回すために乾燥しますが、これですと自然対流なので根物、葉物の乾燥もありません。これゴボウです。食べてみますか？

橋本　エッ？　いつ収穫したのですか？

村上　春採りなので、今年の五月ですね。はい、どうぞ。

橋本　収穫して一カ月ですか、シャリッとしておいしいです。リンゴかナシみたいです。ゴボウ特有の灰汁《あく》も感じません。

村上　氷を利用して水分を保っているので、水分がなくなりません。いろいろなお客さまに「かじると甘みがすごく出てくるけど、何なの？」と聞かれます。実はうちでは、完全自然栽培です。ゴボウやニンジンなどの根物は丸々一年、キャベツは八カ月くらい、白菜やレタスなどの軟弱系は四カ月、ジャガイモは今のところ最長で二年、この状態で保てます。そして、この中でどんどん甘みが増していきます。ゴボウは最大で糖度が一八度まで上がったことがあります。このアイスシェルターのすごいところです。植物は八～九割が水分なので、温度が下がってくると自分が凍ってしまい命が終わりになるので、タンパク質などを糖質に変えるのです。そして水分を甘くして凍結温度を自分の力で下げることができるのです。これはもちろん生命力が強ければ強いほど、その能力は高いので、ジャガイモは雪氷野菜にすると、甘みがすごく増します。

橋本　村上さん、こんなにおいしいゴボウは完全自然栽培や冷熱エネルギーだけで出来るものですか？　完全自然栽培といっても、かなり困難ですし、何か考えてそういう作り方をしたのですか？　それとも、偶然この方法を発見したのですか？

村上　う～ん、橋本さん、鋭《するど》いですね。それはいろいろと、話が長くなりますので、畑に行ってお話ししましょうか。

生命力の強さを引き出す農業へ

村上　実は八年前、当時四歳だった息子が家にいて突然亡くなったんです。幼児性の突然死でした。朝は元気に保育所に行って、普通に帰ってきたのですが、その夜「疲れたから寝る〜」と言って早く寝て、その三時間後には亡くなっていました。

私は暫くうつのような、寝たのか食べたのかわからない状態になりました。でも、一カ月ほどたって「あれ？　何かおかしい。自分の息子の小さな命が亡くなって、こんなに精神的におかしくなるのに、自分は殺虫剤で虫を大量に殺し、除草剤で草を大量に枯らして、殺菌剤で微生物や菌を殺して平気でいたっていうことがおかしい」と思い始めたら、農薬を使えなくなってしまった。

それで、農薬を止めたら、もちろんありとあらゆる病気や虫が出て、大変なことになりました。でも野菜をよく見てみると、デロデロに腐ったり、芯まで虫に食べられたりしている中に、ポツンポツンと生き延びて、ピッカピカの野菜があり、それを見たとき初めて「これが生命力か」と気付いたのです。

橋本　エッ？　隣の野菜はデロデロなのに、その野菜はピッカピカ。その違いは何なのですか？

村上　野菜は植物、命なのです。その生命力が強ければ強いほど病気にもかからないし、虫にも食べられないということがわかりました。今までいかに生命力のないものをお客さまに食べていただいていたのか、と思うようになりました。息子の死で命のことを考えるようになったのです。

ただ、このような完全自然栽培にすると、ご想像のように最初の三年はほとんど全滅でした。収入がないので経営のことを考えて、出荷する分は肥料をあげたりしていたのですが……。三年ほどしたら土の重要性に気付き、土が野菜を育ててるのだって。この三年は土が生き返る時間だったと思ったのです。それからニンジンも小さいけれど、穫れるようになったのです。今はもう普通のニンジンが穫れますけれど。

橋本　でも村上さんの所だけでそういう栽培をしても、余所《よそ》から虫が来るのではないですか？

村上　はい、そうです。ただ虫に食べられてしまうのは、生命力が非常に弱いからだってことがわかったのです。私は毎日見ていました。例えばキャベツ、すごく立派でピカピカの大きいキャベツには虫が一つも付いていないのに、隣で成育が気になるキャベツには虫が付いて食べている。

少々専門的になりますが、虫は本能的に植物より自分の命の長さが短いことがわかっているのです。だから自分の子孫を残していくためには、植物でも強いもの、ちゃんと花が咲いて、実をつけて、種を落として、次の年も植物になるものはわかっていて食べないのです。ですから、逆に生命力の弱い野菜を食べる。命をつなぐためですね。

橋本 ちょっと待ってください。それはどうしてわかったのですか？

村上 とにかく、私が農薬や肥料を使わないというのは「それが悪いから」というスタートではなくて、息子の命のことを考えて「何の命も奪わないで農業ができないか」ということだったのです。「何も殺したくない」「他の全ての命と共存して生きていたい」というふうに思うようになったので、虫や病気を悪いものとして見るのではなくて、一緒にやっていこうと思うようになったのです。だから虫が食べるならそれは虫の取り分、人間の取り分はたまたまなかったと考えるようになって。こうして虫をずっと観察することによって、わかったのです。

自然界の不思議な法則に気付いた

村上 あるとき、虫が食べなかったピッカピカのキャベツと、虫が食べていたキャベツを両方とも収穫しないでそのままにしておいたら、ピッカピカの方は人間の背丈くらいまで伸びて花が咲き、実をつけ、種を落として、ちゃんと最後まで寿命を全うしたのです。虫に食べられていた方は病気になってデロデロに溶けて、土に還っていきました。虫だってピュッと移れば、元気な方も食べられるのに来ないのです。それが自然界の循環だなと思いました。

橋本　遺伝子の強いのが残るということでしょうか。そうこうしていると、畑の中にピカピカが増えていったのですね。

村上　そうです。うちは、虫が食べているということは生命力がないので出荷しない、お客さまにお出ししないと。今は十個のうち一個しか食べられなければ、その一個は虫の取り分なので、残りの九個をお客さまにお出しできるようになりました。そして今はもう虫たちと折り合いをつけています。おかしな話ですが、虫たちはキャベツなら、出荷する玉の部分は食べず、外葉《そとば》だけを食べています。

橋本　エッ？　不思議な話ですね。虫に言葉が通じるわけじゃないし、虫はどうしてキャベツの中に入ってこないのでしょうか。

村上　今まではキャベツの中までしゃしゃり込んでいた。虫はキャベツに縦にしゃしゃり込んでいくので、二〜三枚むいて「もうダメだ」というのがほとんどでしたが、肥料を止めてからは、虫は外葉だけに付いて、中にしゃしゃり込んでこないのです。

橋本　何でしょう、それは。

村上　それは、七年前にここの施設を建てたとき、あまりにもシステムが良いので二十種類くらいのいろいろな野菜と、肥料や農薬を使っている野菜も入れたのです。そうしたら化学肥料を使ったものは、促成栽培なので早く立派になって大きく育つけれど、死んでいくのも早いこ

現在は、兵庫県淡路市で土と向き合う村上さん

とがわかりました。早く大人になっているので、早くおじいちゃんになって早く死んでしまうのですね。貯蔵が全然出来ない。こんなに良い施設なのに、腐ったり、カビが生えたり、デロデロに溶けたり……。それで化学肥料を止めて有機肥料に変えても、結局、溶けたり腐ったりしたんです。それで気付いたのが、例えば豚のふん尿を使って育てたら、溶けて腐るときにそれと同じ臭いがして、牛の堆肥は牛、鶏だと鶏の臭いがすることがわかったのです。つまり原料の臭い。野菜がエネルギーとして吸い取っている、その原料でつくられた体が、腐るときにそれと同じエネルギーを放つということがわかったのです。

さっきの虫の話ですが、ということは葉っぱ一枚一枚も、その有機や化学肥料のエネルギーなので、虫はどこからどこまでが葉っぱかわからなくなってどんどん縦に食べ進んでいってしまうのだと思うのです。それが全く自然な状態のものから吸収していると、外っ葉で自分たちは子孫を残す、中はこれから実になって、花が咲いて、種を付けることがわかるから、奥には手を出さなくなるのです。

橋本　本当に毎日毎日よく見続けたからわかったことなんでしょうね。これも亡くなった息子さんの命が教えてくれたのですね。

「ありがとう」の奇跡を信じて

村上　そうですね畑にどれだけの命があって、どれだけ徒《いたずら》に命を奪ってきたのだろうって……。

亡くなった息子の名前が大地だったのです。この大地のように、いろいろな命を育む、人に必要とされる人になってほしいと願い名付けたんです。大地を亡くしてノイローゼみたいに何だかよくわからない日が続いているとき、いろいろな方々から「これ読んでみて」って、たくさんの本をいただきました。その中に「ありがとうの奇跡」という本があって、例えば「ありがとう」を五万回言うと、自分に奇跡が起きる、「自分の年齢」×「一万倍」言うと家族に奇跡が起きる、みたいなことが書いていました。それで、もう誰も失いたくないと思って「ありがとう」を言い始めたのです。

文房具屋さんに行って、カウンターを買って来て、特にゴボウ畑でトラクターに乗っているときに数えました。ゴボウ畑って真っすぐで、トラクターは一時間に三〇〇メートルしか進まないので言いやすいんですよ。ずーっと「ありがとう」「ありがとう」と言い続けて十万回に達しました。まだ続けて、「自分の年齢」×「一万倍」、当時は三十六歳でしたから三十六万回数えたあたりで、そうやって育てたゴボウを出荷しました。すると出荷先から「ものすごくおいしくて、全然腐らないけれど、どんな防腐剤使っているのですか?」って聞かれて。もうその頃は何も使ってなかったので、そう言うと、「何かしたはずでしょ。何もしないでこんなにおいしいわけがない」と、いろいろな方から言われるので「そう言えば『ありがとう』とずっと言っています」と。そうしたらお客さまの中から「じゃぁお宅のゴボウは『ありがとうゴボウ』ですね」と言っていただくようになって、それからはこちらが何も発信しないのに、注文で「『ありがとうゴボウ』をください」と言ってもらえるようになりました。

そもそも明日も生きていられるかどうかわからないと思って仕事をしているので、「有難い」なんてのは「有ることが難しい」と身にしみて思います。

☆☆☆

野菜が何の養分で育ったか腐ったときにわかる、とおっしゃった村上さんへ、「科学的根拠はあるか」と伺ったら「科学的な実証はしていない。でも見ていてわかった」と答えてくれました。大切なことは誰かが書いた教科書をうのみにするのではなく、自分の目でよく見て知ることだと、あらためて思いました。

村上さんを助けてくれた本は小林正観さんの「ありがとうの奇跡」ではないでしょうか。この言葉がたくさんの不思議を起こしていることは私も聞いたことがあります。そして奥様と二人で「寂しい、悲しいは何にもうまない。周りの人から『この人たち何の苦労も不自由もないんだね』と言われるくらいまでになってみよう」と、思っているそうです。このお二人の思いこそ、畑の中でピカピカに光っている健康なキャベツなのかもしれません。

（二〇一四年六月、七月、八月放送）

以上のようにラジオ番組を聞き起こし、編集をすませ、村上さんに連絡をとろうとしましたが、村上さんは洞爺湖町の農場にいなかったのです。どこへ消えたのか探しました。村上さんは、北海道から遠く離れた兵庫県淡路島で「豊穣ランド」という会員制の農園を展開していました。取材から五年、何があったのか伺うと、番組でお話ししてくれたように、大地くんを亡くし「命」を考え「ありがとうゴボウ」に出あい、農業を通した生き方を模索、自身の農業スタイルを「ありがとう農法」と名付けました。そんな村上さんの

体験や思いを講演会で聴いた方、「大地の花咲き」というドキュメンタリー映画をみた方、著書「大地がよろこぶ『ありがとう』の奇跡」を読み、感動した方々からの希望、応援、熱意に背中を押され、二〇一七年国産《くにう》みの地といわれる淡路島に拠点を移しました。
そこで「たかちゃんファーム」を開墾し「ありがとう農法」を教える「ありがとう農学校」を開校、二〇一八年春「豊穣ランド」を立ち上げ、自身が思う農業の魅力、素晴らしさを広めているそうです。村上さんの思いは、まだまだとまりません。なんと人類の意識の進化を導く「叡智の学校」も開校、まもなく皆んなが集えるコミュニティ「ありがとう村」も開村し、また海外にも「ありがとう農法」を広めていくそうです。
村上貴仁さん、さゆみさんご夫婦はこうして今も形を変えて大地くんを育み続けているのでしょう。

橋本登代子の正体？

株式会社ＳＴＶラジオ
取締役エグゼクティブアナウンサー　木村洋二

僭越ながら自己紹介させていただきます。私、昭和三十四年十月二十六日山口県は下関市生まれ。昨年、還暦を迎えさせていただきました。Ｏ型さそり座。好きな女性のタイプはもちろん橋本登代子さん。あっ、こんな情報は全く必要なかったですね。ここからです大事なことは。勤務先は北海道・札幌市にあるＳＴＶラジオ。肩書は取締役エグゼクティブアナウンサー。少々仰々しいんですが陰では縮めて「エグアナ」と呼ばれています。入社はＴＯＮちゃんこと橋本登代子さんの六期後輩にあたります。

そういえば、新人時代にこんなことがありました。ＴＯＮ先輩があまりにも真剣な表情で翌日のスタンバイをされていたんで「何を準備されているんですか」って質問しました。返ってきた答えは「インタビューで使う仮の質問。やっと二十個くらい浮かんだ」「えっ、そんなに持ち時間あるんですか」「いいの、いいの、明日ゲストにお会いして一から考えるから。でもスタンバイしたことは無駄にならないっていうか絶対無駄にはしないから」捻り出した仮の質問、それを書き留めたペンのインクが手にベッタリと付いていました。とにかく質問することに対しては怖いほど手を抜かないプロフェッショナルでした。生意気ですが、この著書の中でも「聞く力」と「話す力」のバランスが絶妙で、加えて「相手を思いやる力」も強く感じとれるのです。

著者の「人間が大好き」という顔はわかっていただけたと思うんですが、他の顔も色々とありまして。独身時代、気になる男性から素敵な雨傘をプレゼントされ濡れてもいないのに、何日間も部屋の中に干してひとりニヤニヤしていたという「御茶目な顔」。新人の僕が酷い風邪を引いて寝込んだ時、若い女性スタッフを集めてオンボロのアパートに半ば強引に押しかけ、勝手に鍋焼きうどんを作り始めた「姉御のような顔」。そして、前々からマークしていた男性がそぼ降る雨の中ひとり濡れながら去っていく大きな背中を見て、胸キュンするという「乙女のような顔」。とにかく、大昔は可愛い女性だったのです?

ところで、TON先輩。ご存じでしたか？　出版業界では「ベストセラー入りのきっかけは本の『帯』にこだわることだ」と言われているんだそうですよ。帯のみならず、こうしてあとがきまで書かせていただいて僕でほんとうに良かったんでしょうか。ただ、指名してくださったことはとても嬉しかったです。これからも大好物のあん肝を酒のつまみに、思わず他人様の失恋話にも涙してしまうような心優しきアナウンサー、そして物書きさんでいてください。

あとがき

この番組のゲストの方々との「出あい」は、「出合い？」「出会い？」それとも「出逢い？」まさかの「出遭い？」。多分すべての「出あい」の意味を持っています。だからこそお話を伺っていて面白いのだと思います。私かディレクターが得意の鼻をピクピクとひくつかせ、面白そうな人を見つけ、お声をかけさせて頂いています。人が思うこと、すること、描くこと、同じ人はいません。ご自身では始め「私なんか普通の人だよ。なんもないよ」と口にされるのですが、お話がすすむにつれて、まあるく見えそうなところも、実際は尖っていたり、無理をしていたりでそれが魅力的で、ますます興味や関心が深まり話が弾みます。

初代ディレクターは〝北海道ラジオ界のレジェンド〟岩本芳修さんでした。岩本さんは、収録前に打合せをしたら本番が面白くなくなるからと、事前打合せをしない方で「こんな活動をしている、すごく面白くて変な人なんだわ。ハイ、スタジオに入って」のパターンで収録スタートでした。その流れで以来十五年、ゲストのお迎え、直スタジオのスタイルが続いています。これまで二百人近くの北海道を愛する方々に、お話を伺ってきました。おひとり一〜二時間インタビューをしても、一話十五分のラジオ番組なので一話完結という訳にはいかず、リスナーさんにすれば話が盛り上がったところで、次回となる欠点もあります。また、編集で省かれ放送できないところに、結構面白い話がかくれることもあります。そこで目や脳に留まる、本にしようと制作したのがはじまりで、「ほっかいどうの宝物」としては二冊目になります。ご出演頂いたすべての方々を本でご紹介できないのが残念です（巻末にゲスト一覧を添えました）。今回収録からかなり時間が経った話も載せていますが、これは時間を超えた活きた内容と思い収めました。

「TONちゃんのほっかいどう大好き」に出演した皆さんは、北海道が大好きでした。選んでこの地で暮らしています。好きな土地で生きる、この普通に思えることがいつかの未来に、同じように北海道を愛し暮らす人たちへの宝物となるのでは、と思います。

そして厳しい経済情勢の中、番組企画の意図を理解して下さっているスポンサーの、㈱太陽グループ様、㈱土屋ホーム様、さくら幸子探偵学校様に心から感謝申し上げます。有り難うございます。これからもよろしくお願いいいたします。

二〇二〇年六月

■ゲスト一覧（所属・役職は取材当時のもの）

・2005（平成17）年——

逢坂誠二さん　ニセコ町長
池上公介さん　池上学園理事長
高井瑞枝さん　トータルフードコーディネーター
和泉晶裕さん　国土交通省北海道開発局・シーニックバイウェイ担当
本間賢一さん　札幌美容形成外科院長
飯島さん　札幌テレビ放送社員（母の死への準備）
山内仁さん　葬祭業（人生の幕引き）
エコライフとリサイクル（札幌市／富良野市）
高木善之さん　地球村ネットワーク
野々川尚《ひさし》さん　農業（自衛隊から農業へ、そして中国・オーストラリアで日本の農業技術を広める）
阿部ヒロシさん　44カラースクール学長（景観）
宮川博実さん　前札幌高専技術専門学校（札幌の景観七〇色）
吉岡宏高さん　札幌国際大学講師（炭鉱遺産について）
佐久間良博さん　江別製粉株式会社
炭鉱遺産サミットin夕張
ブロックハウス博士・札幌学院大四教授・吉岡宏高さん
らくがきなくし隊の奉仕活動
札幌市内の塗装業者の皆さん

・2006（平成18）年——

村田忠良さん　柏葉脳神経外科病院・医学博士
走川貴美さん　AMAサポーターズ倶楽部代表
大山慎介さん　北海道庁知事政策部（移住の

すすめ）
観光ボランティア紹介
札幌市（ツインクルプラザ）／札幌市円山動物園ボランティア／小樽おもてなしボランティアの会
佐々木晴美さん　「新渡戸稲造・メアリー夫妻メモリアルデイ」実行委員会　委員長
佐藤初女さん　「森のイスキア」主宰（心をつつむおむすび講習会）
三田村雅人さん　由仁町ふれあい体験農園主
田上俊三さん　田上食品工業株式会社　取締役社長（八十歳をすぎても塩で世界を駆け巡る）
高橋はるみさん　北海道知事（道州制について）
結城登美雄さん　民族研究家（食の地元学）
高橋美恵子さん　親業訓練シニアインストラクター

綿引幸造さん　プロカメラマン
大島直行さん　伊達市噴火湾文化研究所　所長（縄文文化を地域づくりにいかす）
井手上哲さん　北海道厚生年金会館存続を願う会事務局
清水徹郎さん　札幌徳州会病院　救急診療部長（災害医療の現場から）
佐々木義昭さん　ＪＩＣＡのシニア海外ボランティア〜エチオピアで「ホテル経営学」
池見真由さん　ＪＩＣＡ青年海外協力隊〜セネガルで「村落開発普及員」
久田恵さん　ノンフィクション作家（私の子育て）
稲毛保則さん　ＡＥＤで学ぶ　いのちを守る会「絆」代表
笹本恒子さん　日本初の女性報道写真家
小檜山博さん　小説家（文学論と北海道の素晴らしさ）

田中利幸さん　ナチュラル&ヘルシークッキングアドバイザー（マクロビオティック）
菅野《かんの》順二さん　料理人（人間力をよみがえらせる食の力）
富永岳洋《たけひろ》さん　オーガニックカフェ「青い空流れる雲」オーナー

・2007（平成19）年

附柴裕之さん　㈲ジェルデザイン取締役
高野伸栄さん　北海道大学教授（ウィンターライフの楽しみ方）
かとうけいこさん（シーニックバイウェイ）
加藤修治さん　シーニックバイウェイ・十勝夢街道代表
黒田正子さん　ハーブコーディネーター
清水武男さん　カメラマン「北海道を魅せる写真家集団」
中島興世さん　恵庭市長
多田賢淳さん　「咸臨丸とサラキ岬に夢見る会」
西谷雅史さん　響の杜クリニック院長
山本光伸さん　「柏艪舎」社長
寄田勝彦さん　NPO法人インフォメーションセンター代表理事（ホースセラピー）
岩田徹さん　砂川市・岩田書店店主
ワタナベタカユキさん
平取町・ふるさと親子留学
サイトウマサアキさん　㈱コア　アソシエイツ（時代が求める新しい本の流通）
上杉春雄さん　札幌麻生脳神経外科・ドクターにしてピアニスト
畠中秀幸さん　スタジオシンフォニカ　一級建築士にしてフルート奏者

・2008（平成20）年

東原俊郎さん　太陽グループ　代表取締役社

長
楽木恭一さん　伊達信用金庫（サミットにむけて）
三浦和則さん　洞爺観光ホテル（サミットにむけて）
小川裕司さん　洞爺ガイドセンター（サミットに向けて）
米花正浩さん　小樽雪あかりの路実行委員会検討委員長
佐々木義朗さん　支笏湖丸駒温泉～シーニックナイト灯りがつなぐ雪の路仕掛け人
藤倉肇《はじめ》さん　夕張市長
田村亨さん　室蘭工業大学教授
冨田義昭さん　「北海道農業記念碑」を本にまとめる
鍋谷美奈さん　松前町「夫婦の手紙コンクール」スタッフ
佐々木健一郎さん　そらぷちキッズキャンプ

仲野満さん　農家の知恵から生まれたレストラン　ハーベスト
黄倉良二さん　母なる地球から「食べものは命」
夏井岩男さん　北限で「日本農業大賞」を
高井瑞枝さん（2回目）消費者の食のテーマは「食べ切る」
永澤二郎さん　世界を相手にする北海道の漁業
小西英俊さん　北海道はやっぱカニだべさ
神谷博之さん　若き情熱を養鶏に注ぐ

・2009（平成21）年

長谷川伸一さん　稚内新エネルギー研究会　会長
原大輔さん　歌手と施設長と
工藤和彦さん　アウトサイダーアート　ラポラポラの活動

田中正文さん　海底の戦争遺物に光をあてる
水中カメラマン
（＊ここまでの二十九人分のインタビューを「ほっかいどうの宝物」Ⅰに収める）
久保隆幸さん　湧別町　レークランドファーム久保牧場
町田宏子さん　総務省行政相談委員（生涯学習について）
棚田清さん　江差　旅庭　群来
藤本幸久さん　映画監督（ドキュメンタリー「アメリカばんざいCrazy as Usual」監督）
佐藤初女さん（2回目）　森のイスキア主宰・「おむすびの祈り」作者
川渕幸江さん　錦水流《きんすいりゅう》　水引《みずひき》　第三代宗家《そうけ》　眞禮斎《しんれんさい》松　玉園《しょうぎょくえん》
石崎道裕さん　西田塾日本アホ会北海道支部最高こうもん

・2010（平成22）年
近田《こんだ》勝信さん　北海道札幌白陵高等学校長
さっぽろウインターライフ推進協議会（「ころばん」「札幌雪道ガイド」）
遠藤郁子さん　ピアニスト（ピアノの詩人ショパンとともに）
中公《なかこう》竹義さん　コミュニケーションデザイナー・百円ノート「超」メモ術
山本敏幸さん　サンセリテ札幌　専務取締役
小林重予《しげよ》さん　造形作家・往来葉書「鬼のいる庭」出版
中村京子さん　読売旅行添乗員・人気添乗員
田中正文さん（2回目）　海底の戦争遺物に光をあてる水中カメラマン
柳澤一枝《かずえ》さん　樺太から「第二新興丸」で引き揚げ、「三船殉難事件」にあう
山口裕史《ひろし》さん　戦争体験をきくフリーペーパー「特選隊」発行

高橋洋子さん　「ばらのおうち文庫」主宰《しゅさい》
中島治彦さん　北海道銀行勤務（日経「ほっかいどうにできること」最優秀賞受賞）
伊藤芳昭さん　ミニトマト農家（石狩で新規就農）
佐々木剛さん　㈱アイビック専務取締役（「農家の息子」の店名で生産者と消費者をつなぐ）

・2011（平成23）年――

山口考子《なすこ》さん（アマゾンなすこ山口）　ラフティーヨガ　ティーチャー／リーダー
田宮盛秀さん　家庭塾「アガペー」主宰
石山雅士さん　北海道中国武術クラブ館長
本間利和子《りかこ》さん　「（一社）ふるびら和《なご》み」代表　管理者
斎藤保行さん　風評被害に泣く福島の胡瓜屋
小島修さん　馬糞《ばふん》堆肥「ふんばろう」販売代理店　こだわりネットワーク／元お天気キャスター
矢内俊光さん　地球のことを話し合うカフェをひらく
岡田日出夫さん／加藤方祥《まさよし》さん／原芳明さん　（一社）遺言師協会
吉成秀夫さん　古本と小出版書肆《しょし》吉成　店主
吉本学さん（吉本椎葉《しいば》）「北のシナリオ大賞」に輝く・本のソムリエ
大谷貴央《たかお》さん　陸上自衛隊第一高射特科群長（東日本大震災の支援に赴く）
佐藤博章さん　福島で被災、北海道「耕せにっぽん」で再出発する
吉本椎葉さん（2回目）（吉本小太郎）「ビブリオバトルイン札幌」初代王者
吉崎元章さん　札幌芸術の森美術館　副館長
青木梨恵《りえ》さん　「あじと2　日びの」店長
石井伸和さん　㈱石井印刷　代表取締役・月

刊誌「小樽学」発行
鈴木洋一《よういち》さん　日本農業賞に輝いた士幌町の大規模酪農家
岡本光昭さん　北海道森林組合連合会　代表理事　副会長

・2012（平成24）年——————

奥村大亮さん　MOKU代表　歩いてゴミ拾いをしながら日本一周
伊藤泉さん　NPO法人　共同学童保育所苫小牧じゃがいもクラブ
若林利行さん　北海道美幌高等学校長
中村文昭さん　農業生産法人　株式会社耕せ・にっぽん　社主
鈴木直道さん　夕張市長
吉田里留《さとる》さん　笹本恒子写真ギャラリー「六軒村エン・ロッケン管理人
たはこみわさん（多筥美和）（一社）プロジェクトデザインセンター「アクション・フォー・北海道二〇一二」
早川寿保《としやす》さん　イオ・テクノロジー／独立型太陽光発電インストラクター
高橋淑子さん　アートナビゲーター／札幌彫刻美術館友の会メンバー
（公財）太陽地域づくり財団　平成二十五年度助成対象事業募集
北城秀司《しゅうじ》さん　KKR斗南病院　鏡視下手術センター　センター長
大塚敬子さん　レストラン　ルゴロワ　パティシエール

・2013（平成25）年——————

伊藤早織さん　㈱マイスター　専務（コスメDE遠軽）
景山良康《よしやす》さん　㈱ボクデン　代表取締役社長（耕せ・にっぽんで培った力を店舗で発揮）

木村昭一《しょういち》さん　社会福祉法人　はるにれの里
常務理事
佐藤明人《あきひと》さん　㈱クローバー　取締役会長
（職場内保育園とドッグ・ストックについて）
Sさん　某建設会社　会長（出所した
人に働く場を提供。クスリに頼らない生活を）
佐藤美由紀さん　NPO法人　icareほっか
いどう理事・相談員（意思伝達装置とは…）
宮中みきこさん　京極町、錦景苑（宮中農園）
自然農法もぎとり
鈴木弘勝《ひろかつ》さん　若石鈴足法協会　総本部　総
師（足もみ健康法）
附柴彩子《あやこ》さん　Siesta Labo.（手作り石けん）
代表
山本彩さん＋いちこさん（発達障害者）
札幌市障がい者相談支援事業　相談室ぽら
りす　相談員・臨床心理士・精神保健福祉士

・２０１４（平成26）年

日原和夫さん　㈲日原メロン園・㈲北海道日
原　代表取締役
藤田靖さん　NPO法人コンベンション札
幌　理事長（二〇一四年国際コンベンショ
ンフォーラム「グリーン購入」「エシカル購
入」について）
行方将泰《なみかたまさひろ》さん㈱シティック　代表取締役（地
球の水環境をととのえる）
岡崎敏《さとし》さん　フリースポーツライター
（「不屈の翼〜カミカゼ葛西紀明のジャンプ
人生」著者）
新保《しんぼ》るみこさん　NPO法人　ひまわりの種の
会　理事長
小崎完《こさきたもつ》さん　北海道大学大学院工学研究院
教授
村上貴仁《たかひと》さん　「一般社団法人　大地が教え
てくれたこと」理事

小嶋英生《えいせい》さん　NPO法人　雪氷環境プロジェクト理事長
渡邊克仁《かつひと》さん　北都交通株式会社　代表取締役社長
吉田太一さん　キーパーズ㈲　代表取締役（天国へのお引越しのお手伝い・遺品整理）
吉田義人《よしひと》さん　社会福祉法人　栗山町社会福祉協議会事務局長

・2015（平成27）年――

寺沢孝毅《たかき》さん　自然写真家・守りたい生命プロジェクト有限責任事業組合　代表
山田《やまだ》聡《さとし》さん　「さくら幸子探偵学校」学校長
武蔵野和三《わぞう》さん　㈱武蔵野フーズ　代表取締役社長
幡本《はたもと》信子さん　北海道ストローク（脳卒中）友の会
道路防災エキスパートメンバー（石戸谷眞《しん》逸《いつ》さん・村上昌仁さん）
中村達也さん　塗装業組合（タイの小学校に図書館）
松山増男さん　㈲トンデンファーム　代表取締役
出町南《でまちみなみ》さん　ブックコーディネーター・絵本屋カフェ南風店主
岩崎靖子さん　映画配給団体・NPO法人ハートオブミラクル代表　監督
桑原昭子《しょうこ》さん　（一社）札幌消費者協会　会長
宮川多恵さん　サッポロ・ウッド・リペインターズ
中田博幸さん　公益財団法人　太陽財団　理事長
森《もり》清《きよし》さん　㈲長命庵　代表取締役社長（ダッタンソバについて）

仲鉢《ちゅうばち》孝雄さん　さほろ酒造㈱　代表取締役

・2016（平成28）年――

辻村英樹さん　合同会社　アグリラボ北海道
代表社員

髙橋淨英さん　曹洞宗　浄国寺住職

川瀬かおりさん　風水建築デザイン　くうかんの森プランニング

佐々木梅子さん　NPO法人　心とからだの研究会　心理カウンセラー

船木美智子さん（歩いて北海道一周した苫小牧主婦）

金子喜代彦さん（第二の人生は福祉の仕事をして人の役に立ちたいと、六十歳を超えた現役大学生）

荒井宏明さん（一社）北海道ブックシェアリング代表理事

舟津香菜美さん（JICAでアフリカの幼児教育にかかわる）

出合祐太さん（JICAでアフリカ・ブルキナファソの少年野球指導）

前野治央さん　元高校教諭（トランジスタラジオの収集）

・2017（平成29）年――

朝倉卓也さん　札幌市円山動物園

舟津香菜美さん（2回目）（JICA帰国後幼児教育を深めるべく大学へ）

本間泰則《やすのり》さん・眞由美さん　羊蹄グリーンビジネス・ニセコワイナリーオーナー・妻で絵本作家

山本知史《ともし》さん　石狩ひつじ牧場・チーズマーケット代表

岡崎哲三さん　合同会社　北海道山岳整備
代表社員

青柳正太郎さん～アコーディオン　ヤギ

（路上　アコーディオン奏者）
土屋アーキテクチュアカレッジ（校長　阿部忠さん・訓練生　保阪あゆらさん　名取秀和さん）
本間弘達《こうた》さん　㈱雪屋媚山《こびやま》商店　代表取締役番頭
合田一道さん（ノンフィクション作家）

・２０１８（平成30）年

青柳正太郎さん（2回目）（ご逝去を悼み）
相場大佑《だいすけ》さん　三笠市立博物館　博士
風間ヤスヒロさん　シンガーソングライター・キーボーディスト
大塚健一さん　ル・ゴロワ　フラノ　シェフ
敬子さん（2回目）ル・ゴロワ　フラノ　パティシエール
山本知史《ともし》さん（2回目）石狩ひつじ牧場・チーズマーケット代表

中澤琢《たく》さん　石狩マウニの丘　レストラン番人
寺嶋弘道さん　本郷新記念　札幌彫刻美術館館長
出合祐太さん（2回目）二〇二〇年東京オリンピック出場をめざすブルキナファソ野球チーム監督
板坂峰行さん　厚沢部町　板坂農園
棚田清さん（2回目）江差・旅庭群来
清水邦典さん　オペラ歌手兼ワイン酒屋

・２０１９（平成31・令和元）年

齊藤暢《みつる》さん（一社）天売島おらが島活性化会議　代表理事
荻野幸男《おぎのゆきお》さん（一財）道南歴史文化振興財団　発掘調査員
朝倉卓也さん（2回目）札幌市円山動物園飼育展示課

森山祐吾さん　ノンフィクション作家

藤田靖さん（2回目）　ＮＰＯ法人　コンベンション札幌ネットワーク理事長（国際コンベンションフォーラム二〇一九ｉｎ札幌・ＳＤＧｓについて）

野口観光ホテル　プロフェッショナル学院（職業訓練法人　野口観光職業訓練協会　専務理事　伊藤清美さん・学院生の皆さん）

嶋崎裕美《ひろみ》さん　脳とからだを刺激するインストラクター

藤谷《や》秀明さん　㈱ニチイ学館　札幌支店　ヘルスケア支店長（介護の言葉）

中村圭助さん　おたる政寿司　代表取締役副社長

田中綾さん　北海学園大学　教授（ブラックバイト短歌）

・２０２０（令和2）年――

繁富香織さん　北海道大学高等教育推進機構　特任准教授（細胞オリガミ）

斎野早織さん（2回目）　㈱マイスター（遠軽）代表取締役

[著者プロフィール]

橋本登代子（はしもと　とよこ）

有限会社ボイスオブサッポロ
代表取締役・アナウンサー

大分県生まれ。昭和女子大学短期大学部卒業後、1976年札幌テレビ放送株式会社入社。

STV「ズームイン!! 朝!」キャスターなどを担当。日本テレビ系列全国アナウンサー優秀賞受賞。

1988年退社後フリーとなり、NHK「ほっからんど212」キャスター（NHK札幌放送局より「地域に親しみのある番組に貢献」として感謝状）、テレビ・ラジオ出演、シンポジウムコーディネーター、司会、対談、講演、話し方教室やマナーセミナー、キャリアコンサルタントなど幅広く活動。

2005年からスタートしたSTVラジオ「TONちゃんのほっかいどう大好き」は土曜日18時15分～30分放送中。（プロ野球中継の場合は時間変更されます。）

ほっかいどうの宝物　第2集

2020年7月9日　初版第1版発行

著　者：橋本登代子
装　幀：佐々木正男（佐々木デザイン事務所）

発行所：株式会社 共同文化社
〒060-0033 札幌市中央区北3条東5丁目
電話(011)251-8078　FAX(011)232-8228
http://kyodo-bunkasha.net/

印刷・製本：株式会社 アイワード

ISBN978-4-87739-342-7　C0034